普通高等教育"十三五"规划教材

设计图学习题集

主　编　王菊槐　赵近谊

副主编　林益平　刘东燊　江湘颜　易惠萍

主　审　胡俊红

电子工业出版社

Publishing House of Electronics Industry

北京·BEIJING

内 容 简 介

本书根据教育部工程图学教学指导委员会课程教学基本要求编写,结合多年的教学经验,特别是设计艺术类专业需求。本书的编排顺序与主教材完全一致,共 9 章和附录,主要内容包括:投影基础、制图基本知识、立体的投影、轴测图、物件常用表达方法、工程图样简介、表面展开图、透视图基础、计算机绘图等,附录的四套测验试题,供读者在单元教学内容完成之后复习或检测之用。本套教材提供配套电子课件、电子挂图、参考答案、试题及解答等。

本习题集与王菊槐、林益平主编的《设计图学》教材配套使用。本书适用于高等学校设计艺术类,以及电子信息类、管理工程与理科类(30~65 学时)各专业,也可供相关专业技术人员参考。

未经许可,不得以任何方式复制或抄袭本书之部分或全部内容。

版权所有,侵权必究。

图书在版编目(CIP)数据

设计图学习题集/王菊槐,赵近谊主编 . —北京:电子工业出版社,2019.1

ISBN 978-7-121-35756-5

Ⅰ.①设… Ⅱ.①王…②赵… Ⅲ.①工程制图–高等学校–习题集 Ⅳ.①TB23–44

中国版本图书馆 CIP 数据核字(2018)第 273448 号

策划编辑:王羽佳
责任编辑:王羽佳
印　　刷:涿州市般润文化传播有限公司
装　　订:涿州市般润文化传播有限公司
出版发行:电子工业出版社
　　　　　北京市海淀区万寿路 173 信箱　邮编 100036
开　　本:787×1 092　1/16　印张:11.25　字数:288 千字
版　　次:2019 年 1 月第 1 版
印　　次:2025 年 8 月第 7 次印刷
定　　价:29.90 元

凡所购买电子工业出版社图书有缺损问题,请向购买书店调换。若书店售缺,请与本社发行部联系,联系及邮购电话:(010)88254888,88258888。

质量投诉请发邮件至 zlts@ phei.com.cn,盗版侵权举报请发邮件至 dbqq@ phei.com.cn。

本书咨询联系方式:(010)88254535,wyj@ phei.com.cn。

前　言

本书结合作者多年来的教学经验,特别是设计艺术类的"设计图学"教学实践,并吸收近年来的教学改革的经验编写而成。本习题集与王菊槐、林益平主编的《设计图学》教材配套使用。

本书与配套教材完全对应,共9章,另加附录。本习题集的主要特点如下:

(1) 注重了习题与教材的呼应性。习题集的编写由主教材相应章的编写作者承担,注重习题选择的典型性和目的性。注重基础练习题与提高性练习题的合理安排。

(2) 体现了艺术类设计制图特色。艺术设计专业牵涉面广,通常包括产品造型、环境艺术、包装设计、装潢与广告设计等专业方向。本习题集淡化了工科色彩,习题的选择加强了产品造型、包装与环境设计等艺术特色。

(3) 改进了传统习题训练思路。该书先以研究"体"的投影规律为出发点,再到点、线、面的投影分析,然后再返回到"体"的投影。从"知其然"再到"知其所以然",从符合认知事物的客观规律角度来规划习题集的布局结构。

(4) 坚持基础理论以实践应用为目的。以"必需、够用"为指导思想,习题内容的选择及体系结构力求体现应用特色。注重"仪器绘图、徒手草图、计算机绘图"三大技能以及空间分析能力与创新能力的培养。

(5) 注重了对教学内容的递进设计。考虑到只有建立起基本的投影体系,完成一定的习题作业后,再去用图纸进行尺规绘图,教学的成效才会更佳,所以,将制图基本知识的练习安排在了投影基础理论之后。

(6) 注重编写的创新性。习题的选择注意从日常用品中提炼出几何形体进行投影制图分析。立体的几何形态来自桌椅、照相机、望远镜、台阶、手提灯、扳手、衣架、水瓶、螺母、螺栓等,增加了习题的趣味性。本书贯彻了最新国家标准。

为了及时了解和检查学生对课程知识的掌握情况,本习题集后附四套测验试题,供学生在单元教学内容完成之后复习之用,也可供教师检测之用。试题(一)适合第1章至第3.2节、试题(二)适合第3.3节至第5章、试题(三)适合第6章至第8章、试题(四)适合第9章教学内容完成之后使用。

本书适用于高等学校设计艺术类,以及电子信息类、管理工程类等(30~65学时)各专业,也可供相关专业技术人员参考。本套教材提供配套电子课件、电子挂图、参考答案、试题及解答等,请登录华信教育资源网 http://www.hxedu.com.cn 免费注册下载。

本书由王菊槐、赵近谊担任主编。参加编写的有:王菊槐(第1章、第4章、第8章、附录);赵近谊(第2章);赵近谊、江湘颜(第3章);易惠萍、刘东燊(第5章);刘东燊、戴进(第6章);林益平(第7章、第9章)。

湖南工业大学设计艺术学院胡俊红教授审阅了本书。湖南省工程图学学会尚建忠教授对本书的编写提出了许多宝贵的意见和建议,湖南工业大学教务处对本书的出版给予了大力的支持,在此一并致谢!

编　者

2019年1月

目　录

1-1　根据立体图和两视图,补画第三视图(铅笔作图。可见轮廓:粗实线;不可见:细虚线;圆中心线:点画线)

1.

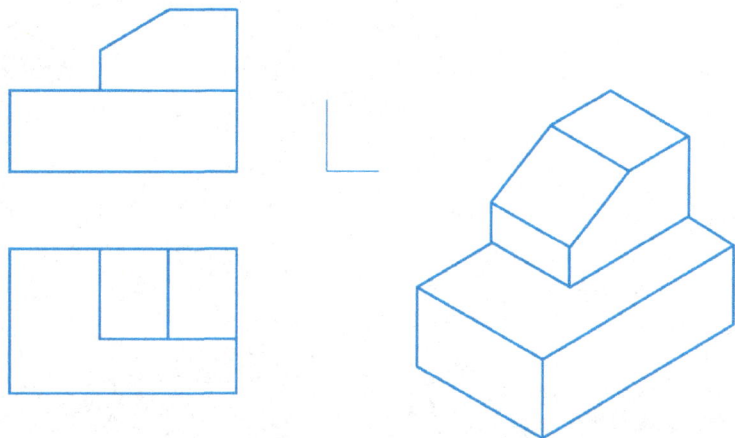

2.

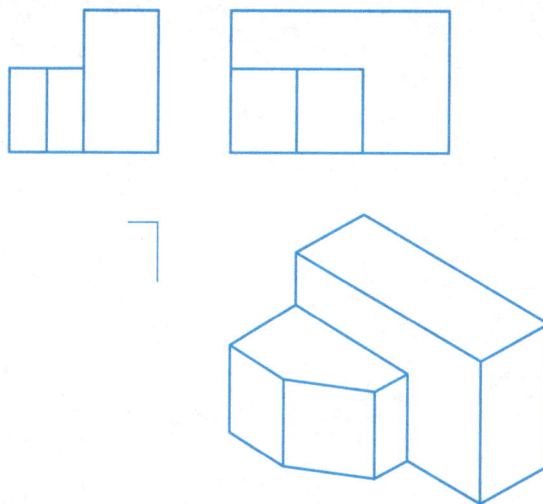

3.

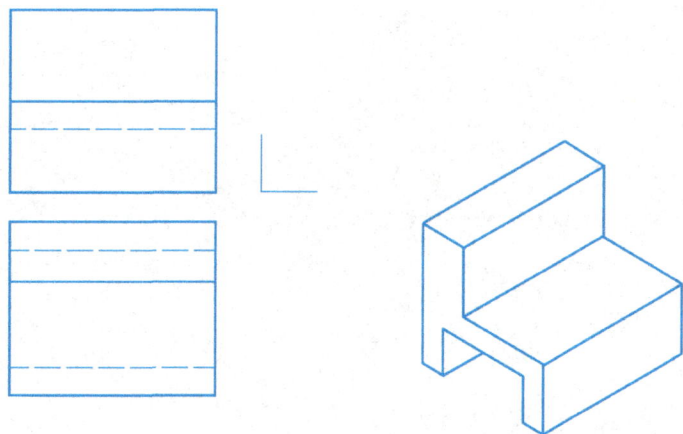

4.

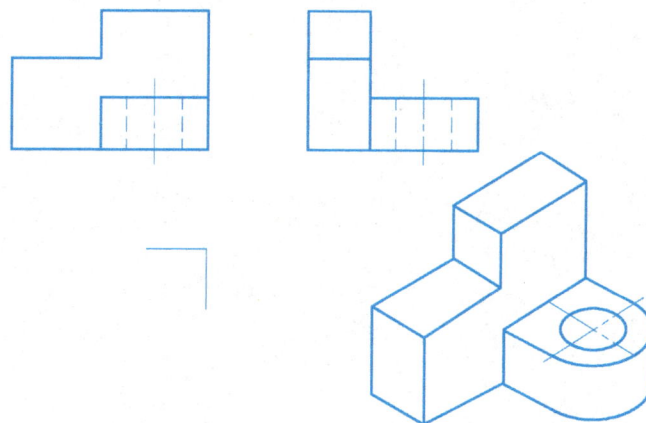

1-2 分析三视图,找出与其对应的立体图,并在空圆圈内填写对应的视图序号

1.
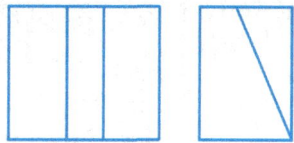

2.
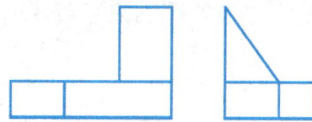
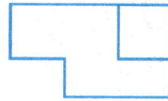

3.

4.

5.

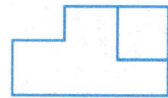

6.
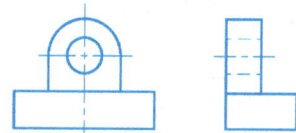

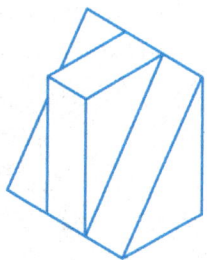
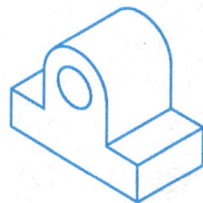
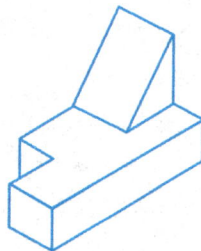
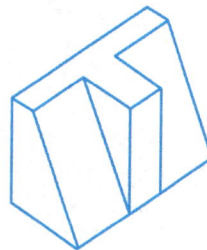
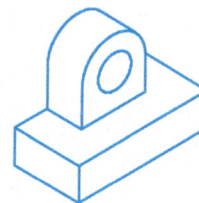
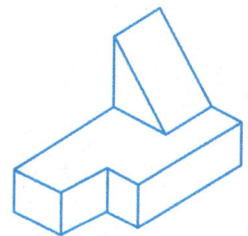

○ ○ ○ ○ ○ ○

2

1-3 根据立体图和主视方向,在给定位置画三视图(尺寸图上 1:1 量取)

1.

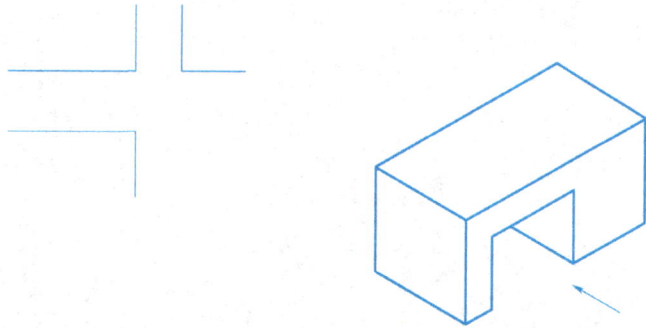

2.

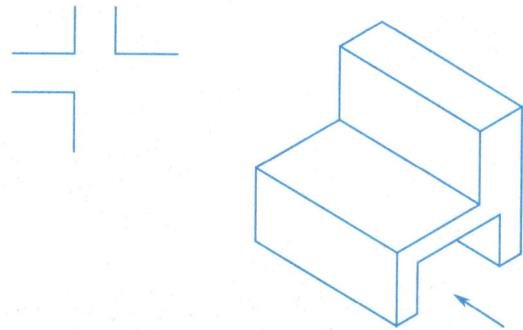

3.

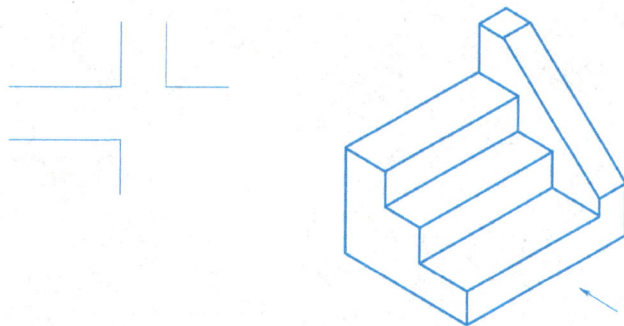

4.

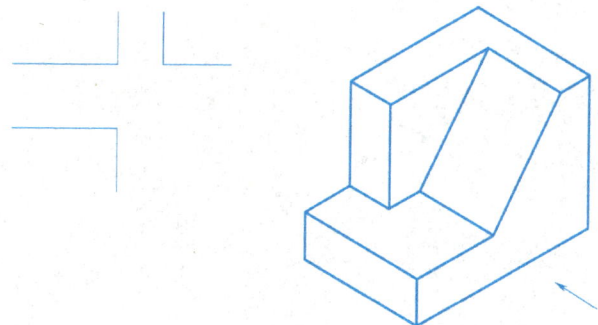

1-4 点的投影(点的投影用小写字母或加撇表示,例如 a、a'、a'',投影连线用细实线画出)

1. 已知 A、B 点的两面投影,求作它们的第三投影。

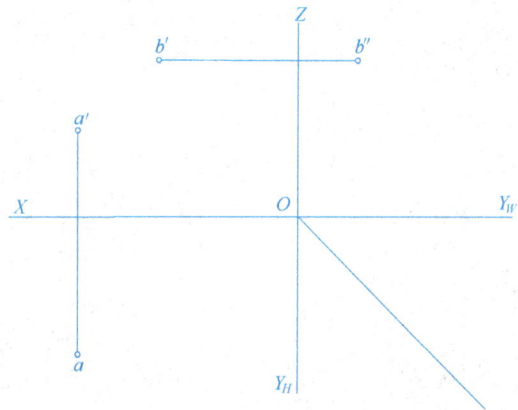

2. 已知点 $C(30,20,25)$,$D(20,10,25)$,求其三面投影。

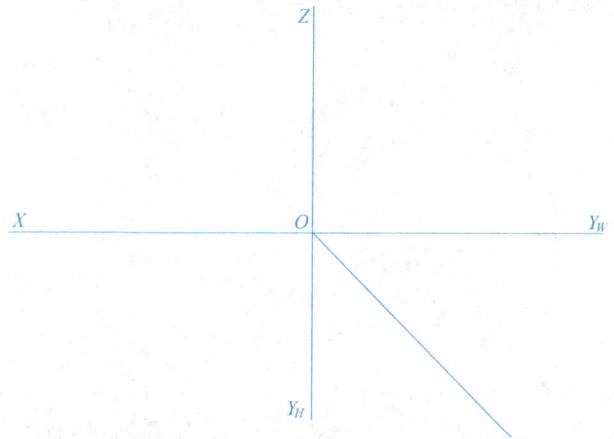

3. 在三视图上标出 A、B、C 三点的投影(如图示例:点 N)。

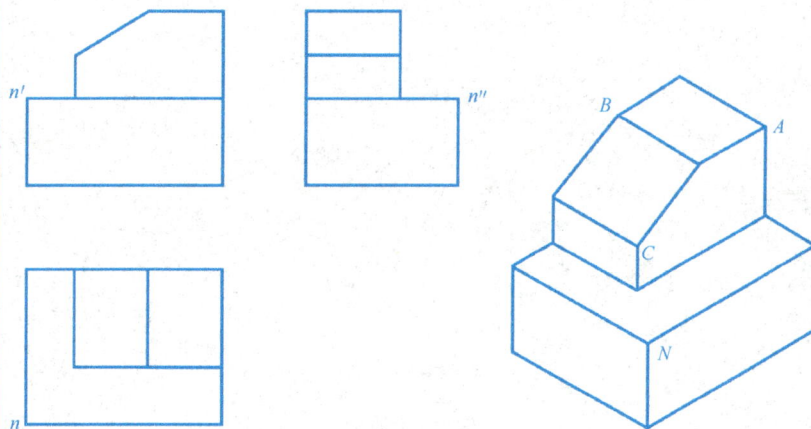

4. 已知三视图中点 D、E、F 的两面投影,求作第三投影,并在立体图中加以标记(如图示例:点 M)。

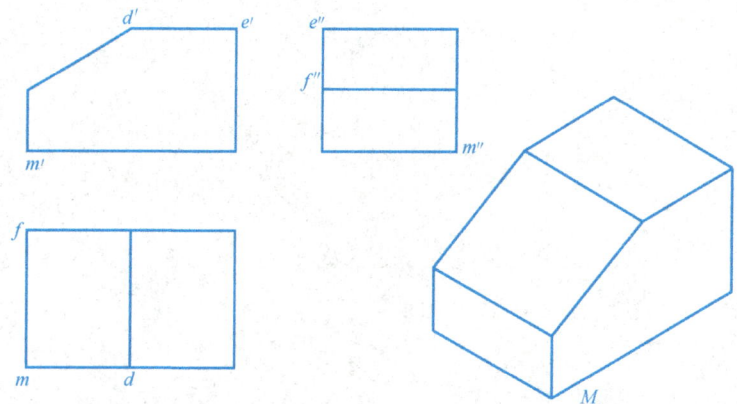

1-5 直线的投影(一)

1. 在物体的三视图中,标出线段 *AB*、*CD*、*EF* 的投影。

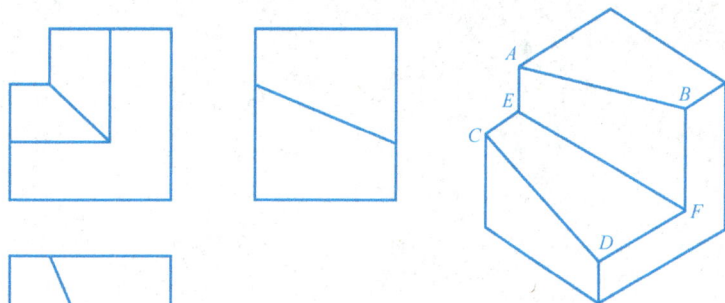

判别直线对投影面的位置并填空:
①*AB* 是_____线;*CD* 是_____线。
②*BF* 是_____线;*DF* 是_____线。
③*EF* 是_____线。

2. 在物体的三视图中,完成线段 *AB*、*BC*、*CA* 的侧面投影,在立体图中标出端点 *A*、*B*、*C* 的位置并填空。

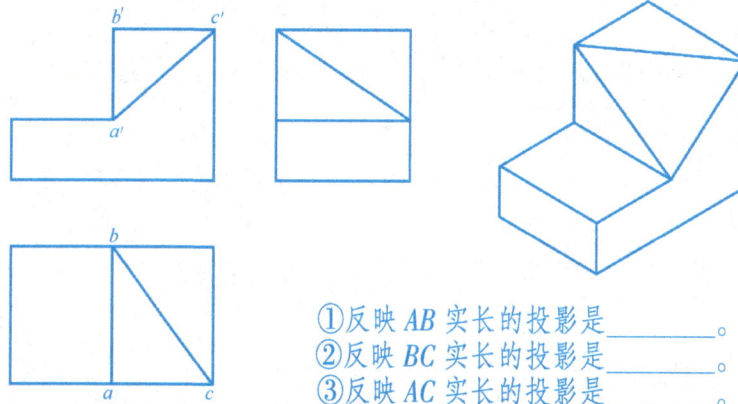

①反映 *AB* 实长的投影是_____。
②反映 *BC* 实长的投影是_____。
③反映 *AC* 实长的投影是_____。

3. 判断点 *K* 是否在直线 *AB* 上(注意画出必要的辅助线)。

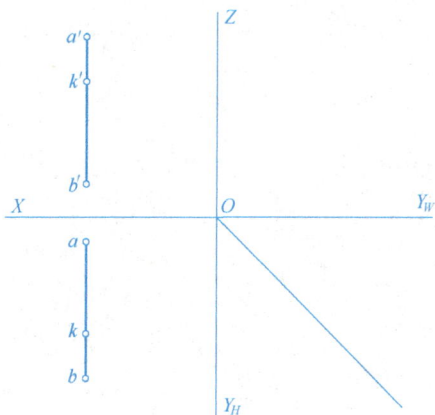

判断:
点 *K* _____*AB* 上
(在,或者不在)。

4. 求直线 *CD* 的实长以及对 *H* 面的倾角 α。

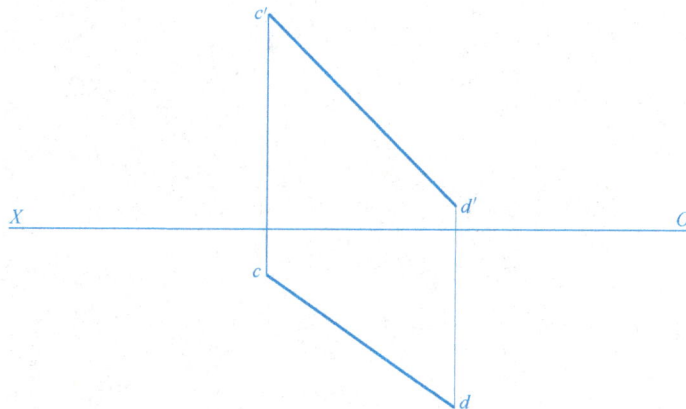

1-6 直线的投影(二)

1. 判断空间两直线相对位置(平行、相交、交叉)。

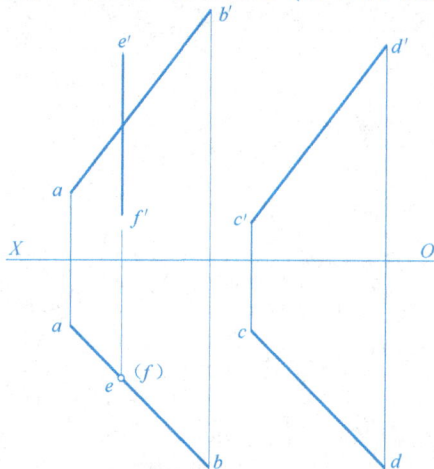

判断并填空:

AB 与 CD _____;

AB 与 EF _____;

CD 与 EF _____。

2. 求作水平线 EF 距离 H 面 15mm,并与 AB、CD 相交于 E、F 点。

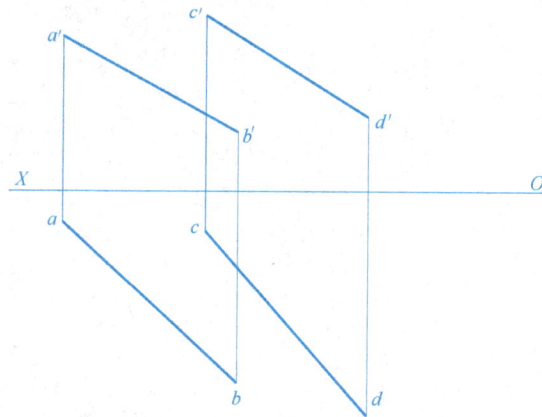

3. 试作一直线 MN,使其与 EF 平行并与 AB、CD 两直线相交。

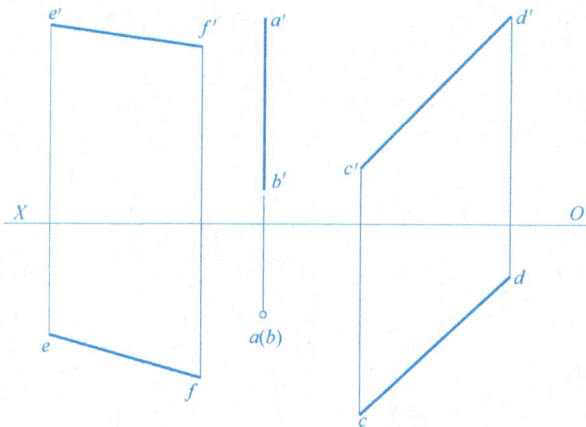

4. 完成矩形 ABCD 的两面投影(AB∥H 平面)。

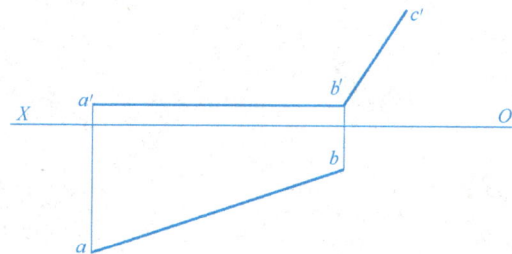

1-7 平面的投影

1. 在三视图中标出立体上各表面的 *3* 个投影(示例:平面 *T*)。

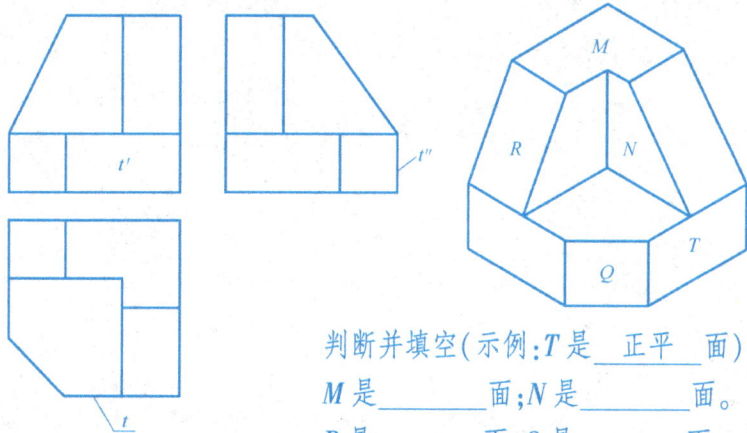

判断并填空(示例: *T* 是 __正平__ 面):

M 是＿＿＿＿＿面; *N* 是＿＿＿＿＿面。

R 是＿＿＿＿＿面; *Q* 是＿＿＿＿＿面。

2. 观察立体图,完成平面 *P* 的侧面投影。

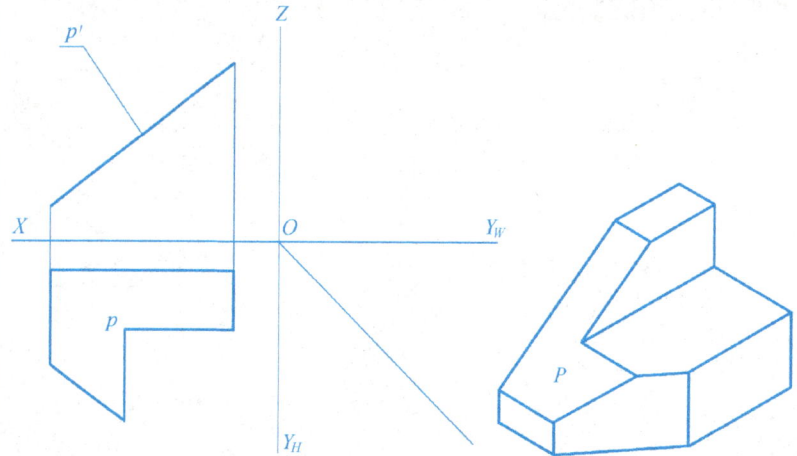

3. 完成平面 *ABCD* 上 △*EFG* 的水平投影。

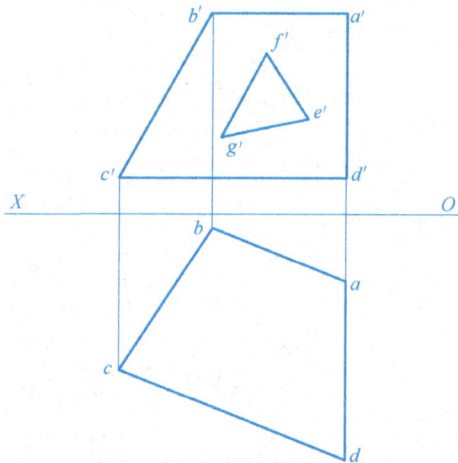

4. 完成平面五边形 *ABCDE* 的水平投影。

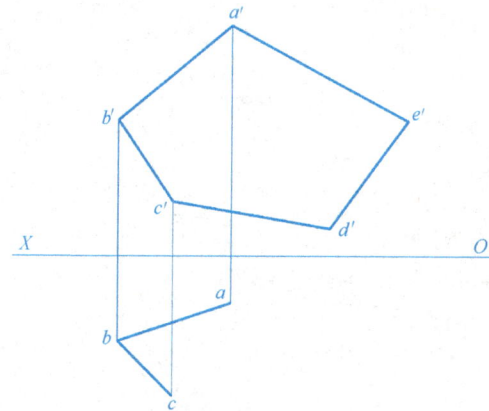

1-8 直线与平面的相对位置(可见线用粗实线,不可见线用细虚线表示)

1. 已知 EF 平行于△ABC,试完成 EF 的水平投影。

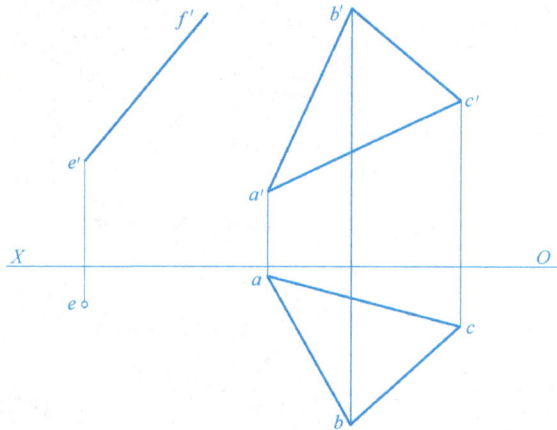

2. 求 AB 与平面 CDEF 的交点 K,并表明可见性。

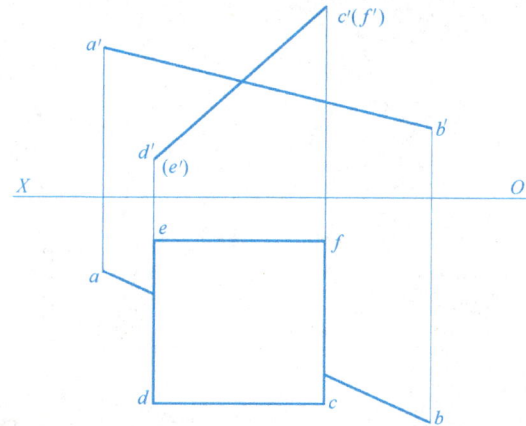

3. 求正垂线 DE 与△ABC 的交点 M,并表明可见性。

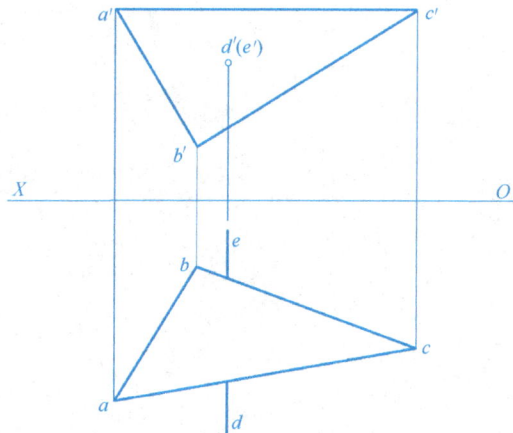

4. 求作△ABC 与矩形 DEFG 的交线 MN,并表明可见性。

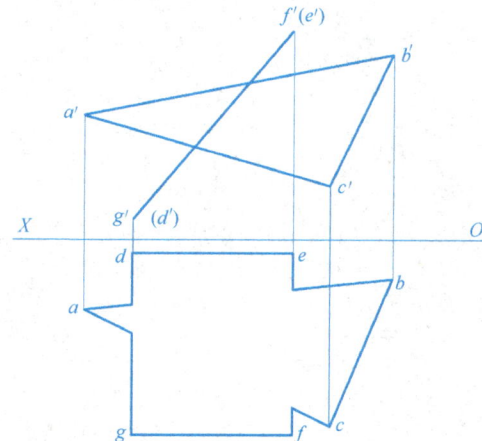

1-9　求作平面立体的第三投影,并完成立体表面上点的其余两投影(注意点的可见性判别)

1.

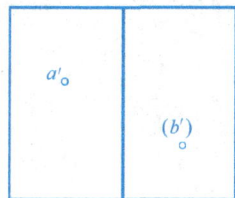

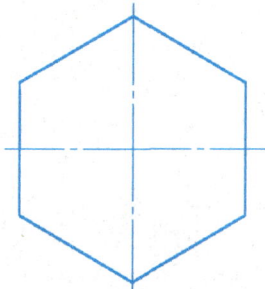

2.

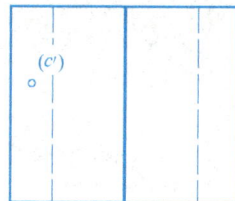

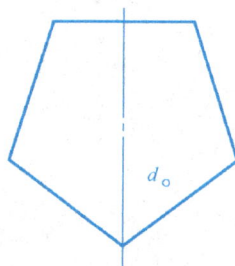

3.

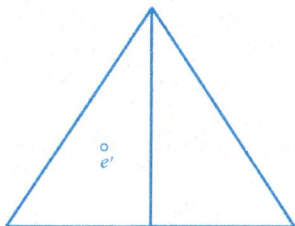

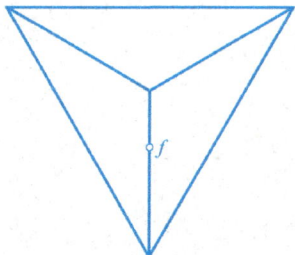

4.

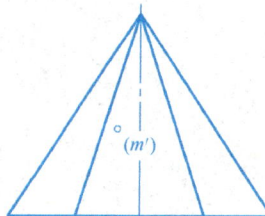

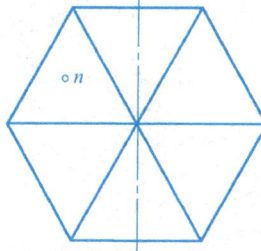

9

1-10 完成曲面立体的第三投影,并求作立体表面上点的其余两投影(注意中心轴线的画法与点的可见性判别)

1.

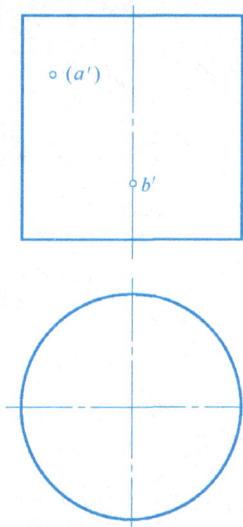

2.

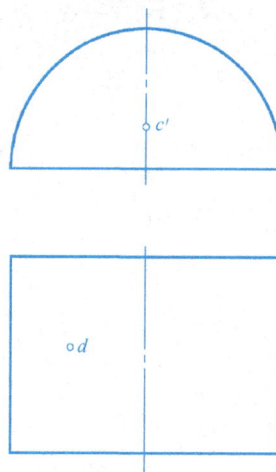

3.

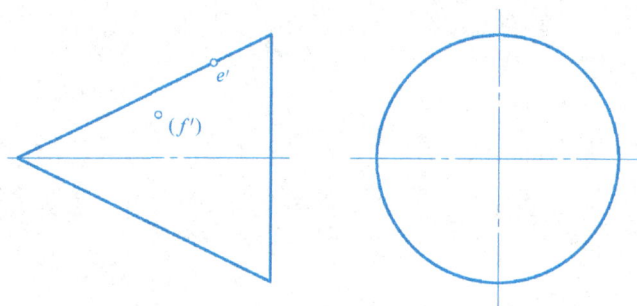

4.

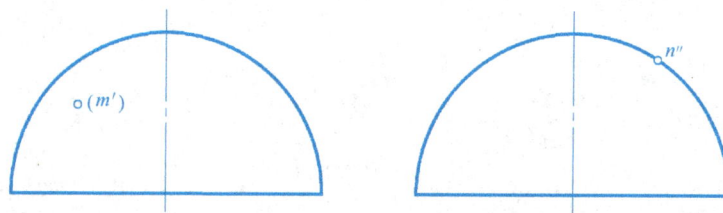

2-1　字体练习(一)

工 程 制 图 国 家 标 准 配 合 符 号 零 件 审 核 专 业 班 级 姓 名

艺 术 设 计 产 品 造 型 广 告 环 境 服 装 动 画 建 筑 透 视 常 用

材 料 比 例 质 量 要 求 横 竖 笔 画 匀 称 紧 密 固 定 滑 动 轴 承

装 配 螺 纹 结 构 基 础 投 影 俯 仰 角 度 技 术 要 求 圆 弧 铸 铁

密 封 处 理 弹 簧 调 质 涂 料 示 意 展 开 组 合 剖 切 旋 转 填 充

2-2 字体练习(二)

1234567890

αβγδθηπφμφ

IⅡⅢⅣⅤⅥⅦⅧⅨⅩ

ABCDEFGHIJKLMNOPQRSTUVWXYZ

abcdefghijklmnopqrstuvwxyz

2-3 图线练习、尺寸标注

1. 在指定位置处,照样画出并补全各种图线。
(注意图线粗细均匀,线型规范)

2. 在给定的尺寸线上画出箭头,填写尺寸数字或角度数字。
(尺寸数值从图中直接量取整数)

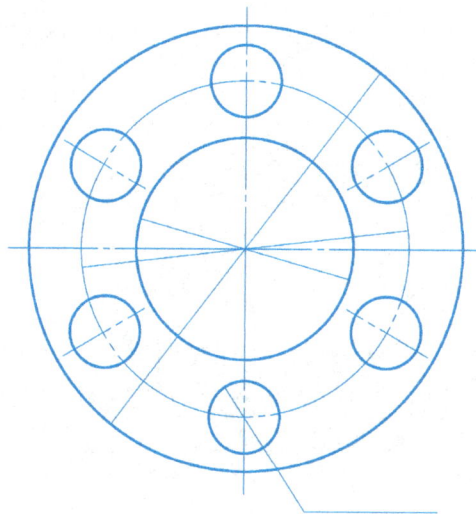

(1) 标注直径尺寸

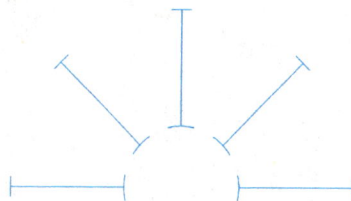

(2) 标注线性尺寸

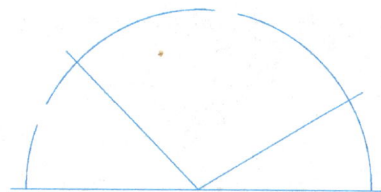

(3) 标注角度尺寸

2－4　指出图中尺寸标注中的错误，并将全部尺寸正确地标注在下面的图形上

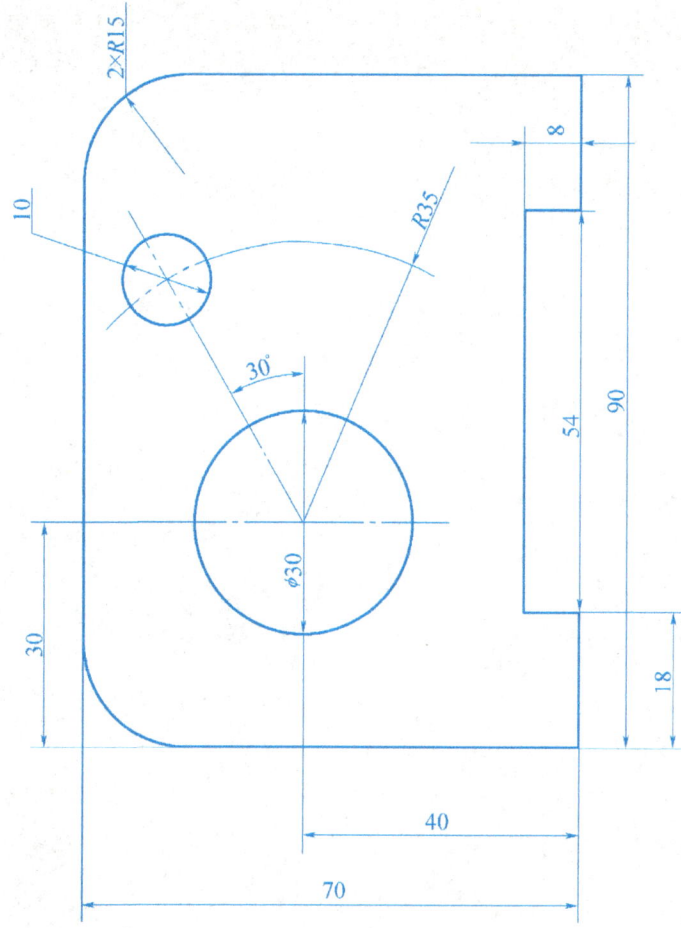

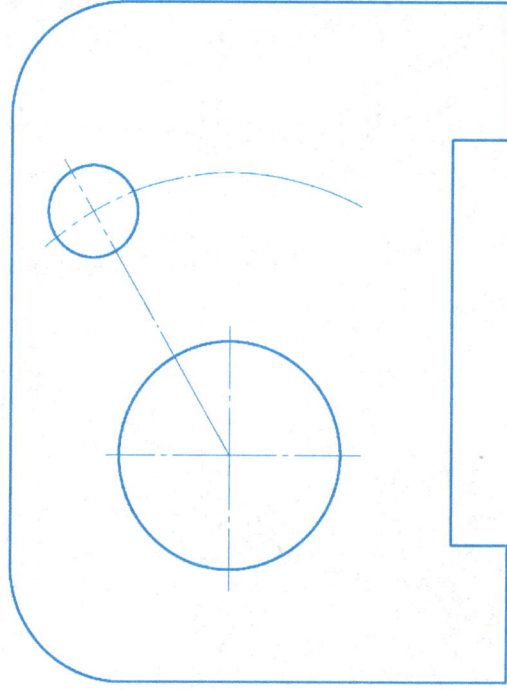

2-5 几何作图(用给定尺寸按1:1的比例抄画图形,不标注尺寸)

1.
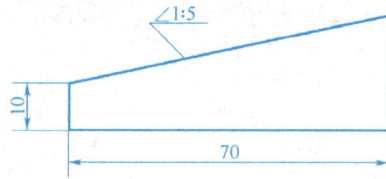

2.
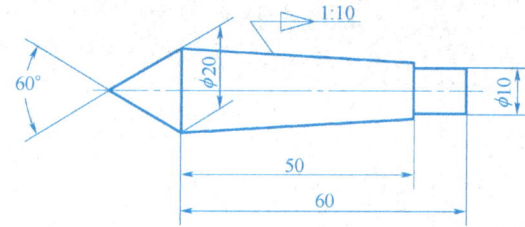

3.
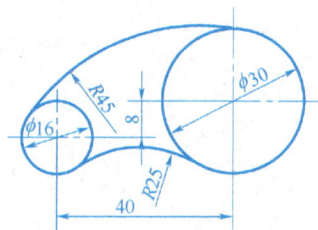

4.
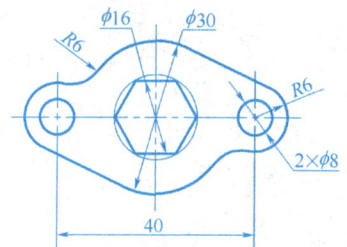

2-6 标注平面图形的尺寸(尺寸数值按比例1：1从图上量取并取整数)

1.

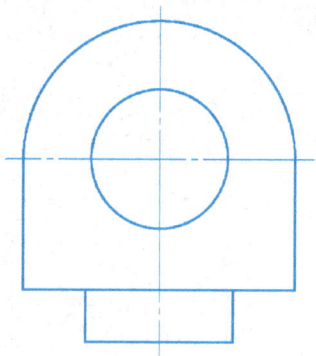

2.

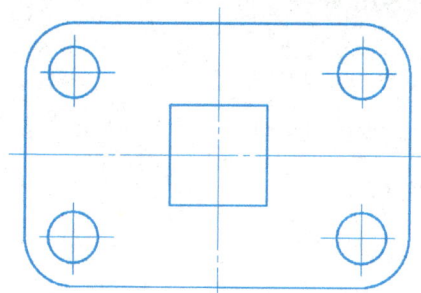

3.

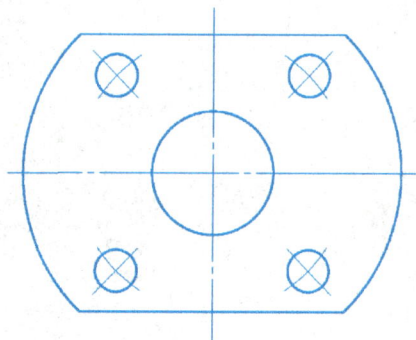

4.

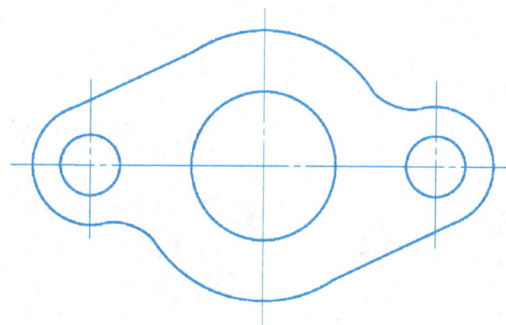

2-7 大作业:仪器绘图首次练习

一、内容:在 A4 图纸上,用 1:1 的比例抄画下列平面图形并标注尺寸。图名:基本练习。

二、要求:

1. 图形正确,布局适当,字体工整,图面整洁。 2. 图线粗细分明,线型规范,连接光滑,同类图线规格一致。

3. 尺寸箭头符合要求,数字注写正确。   4. 标题栏参见教材简易格式。

1.

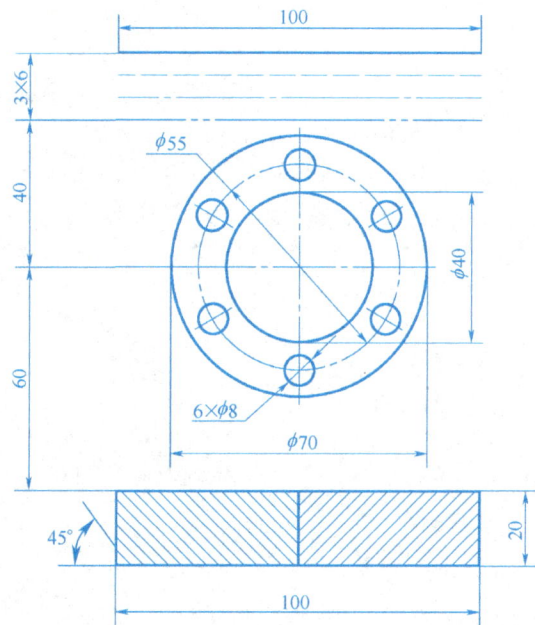

2.

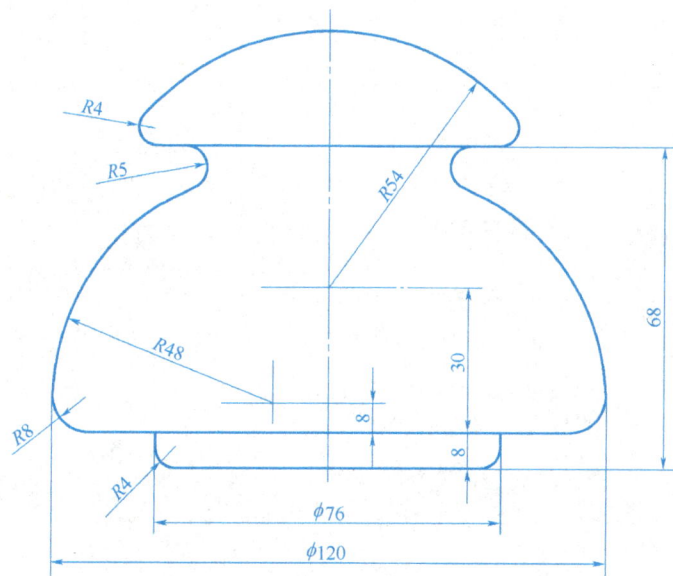

2-8 大作业:仪器绘制产品轮廓图

一、内容:在 A4 图纸上画出任意产品轮廓图,比例自定,并标注主要尺寸。标题栏参见教材简易格式。

二、要求:尽量找自己熟悉的产品,如水龙头、水壶、电话机、台灯、闹钟、玩具等。参考图例如下。

1.

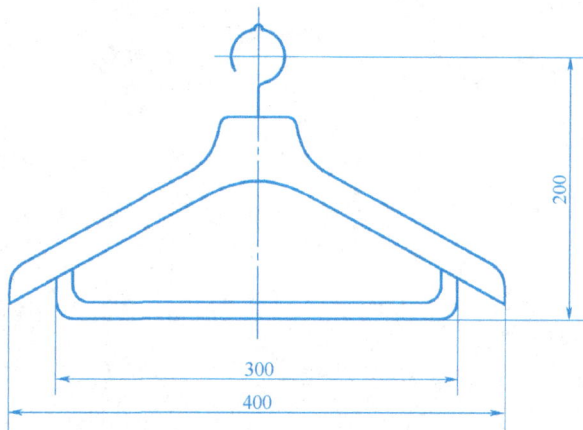

2.

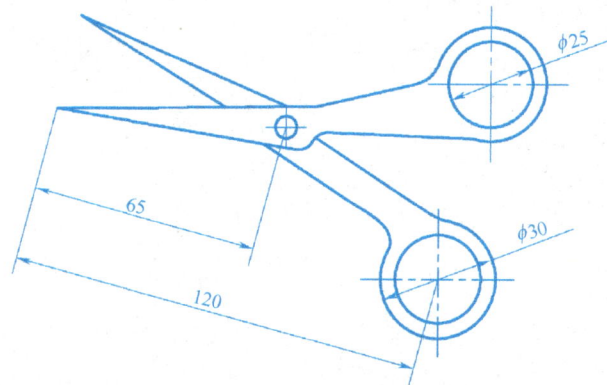

3.

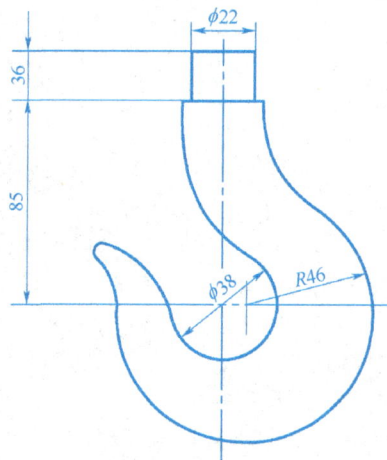

4.

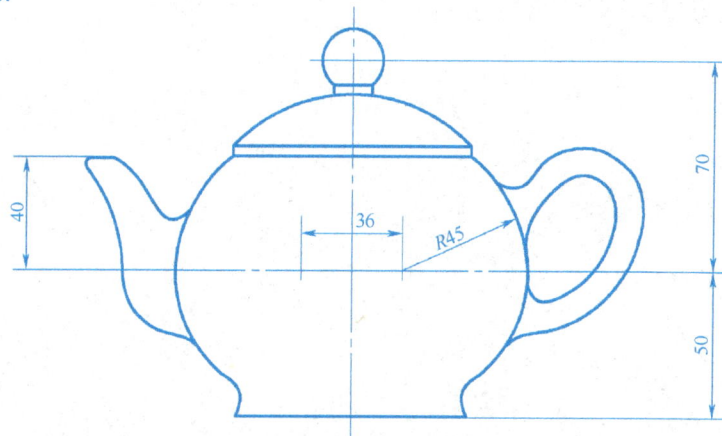

3-1 平面立体的截切

1. 求作五棱柱被截切后的侧面投影。

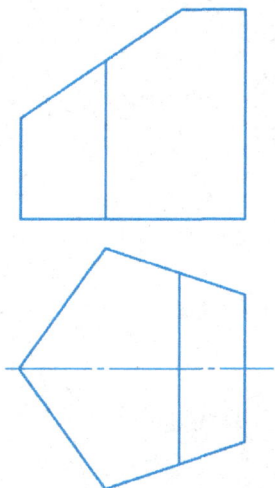

2. 求作六棱柱被截切后的侧面投影。

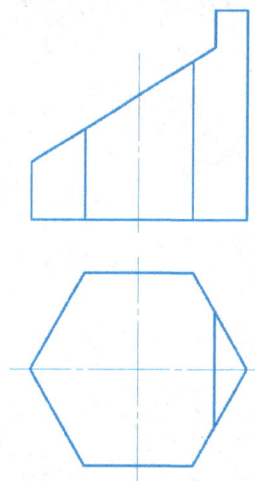

3. 补全四棱锥被截切后的水平投影, 并画出其侧面投影。

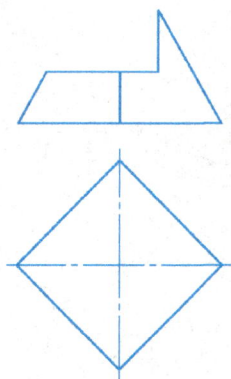

4. 补全三棱锥被截切后的水平投影, 并画出其侧面投影。

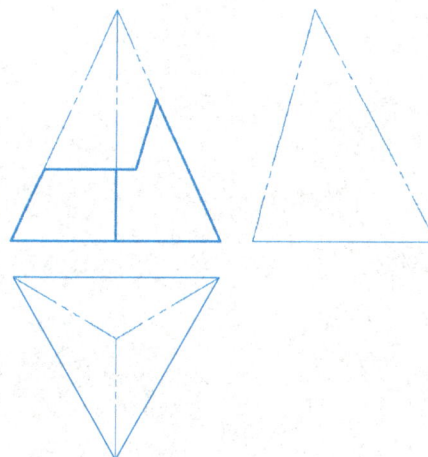

3-2 补全圆柱体被截切后的投影,完成左视图

1.

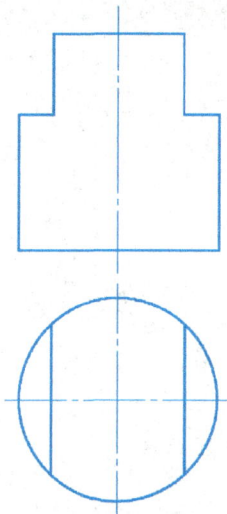

2.

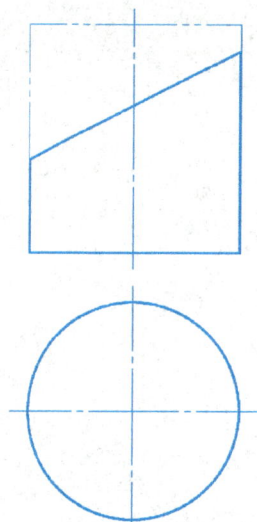

3.

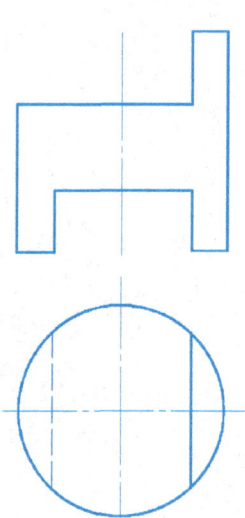

4.

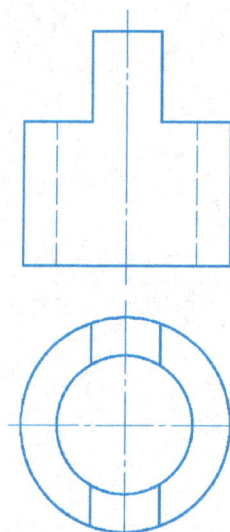

3-3　补全圆锥体被截切后的投影,完成左视图

1.
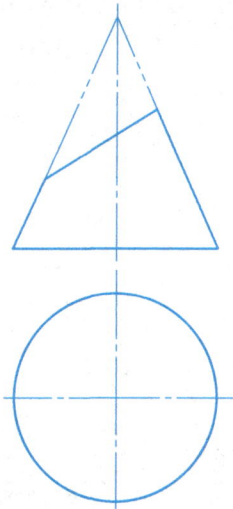

2.
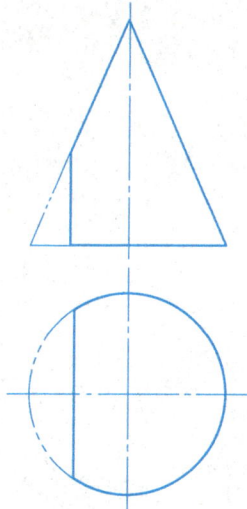

3.
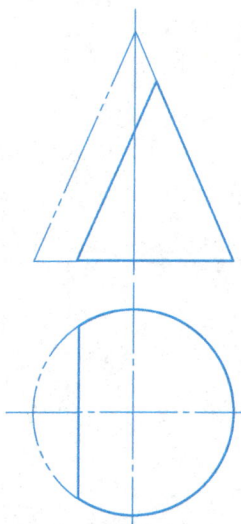

4.
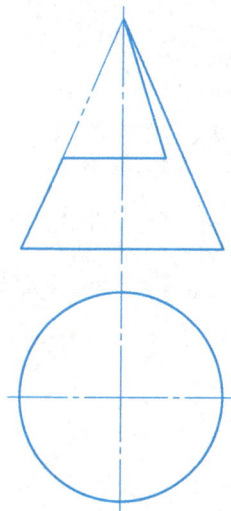

3-4 补全回转体被截切后的投影,完成三视图

1. 完成俯、左视图。

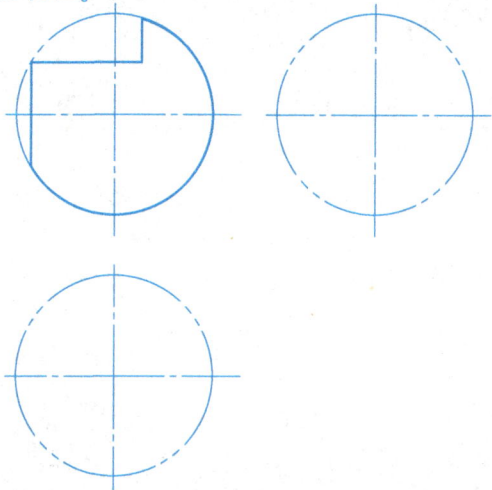

2. 完成主、俯视图。

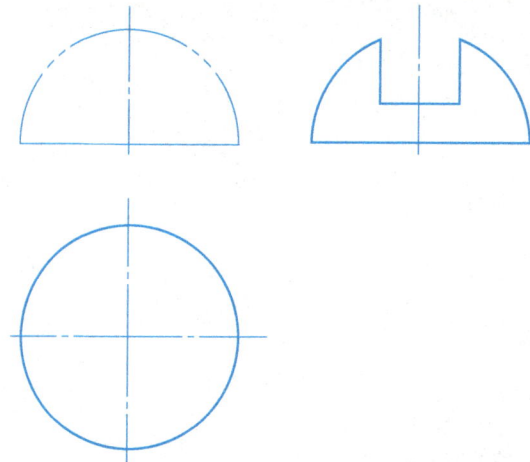

3. 完成俯视图。

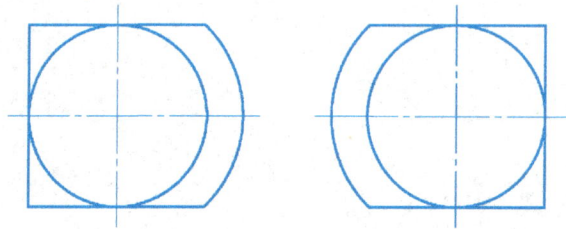

4. 完成俯视图。

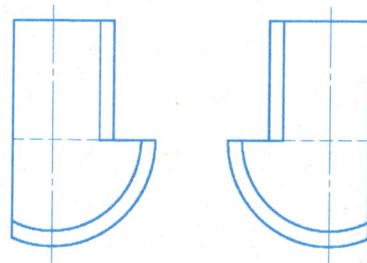

3-5 补画相贯线的投影

1.
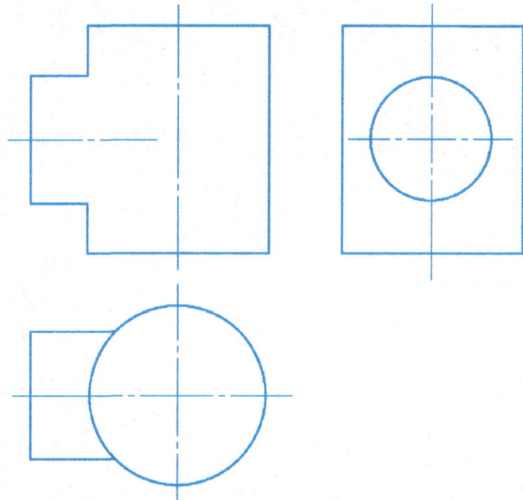

2.
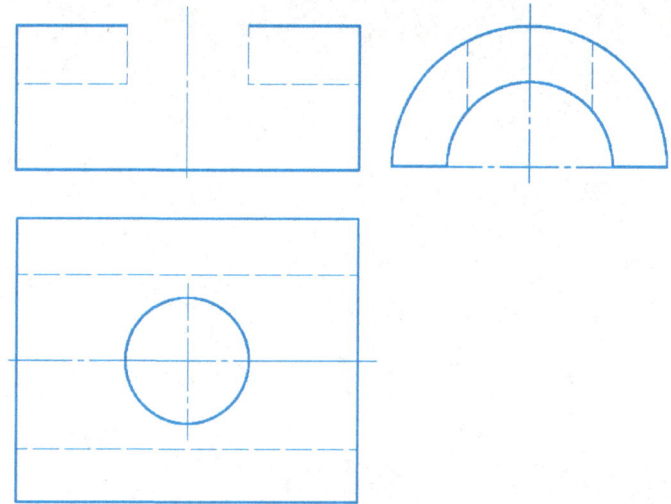

3.
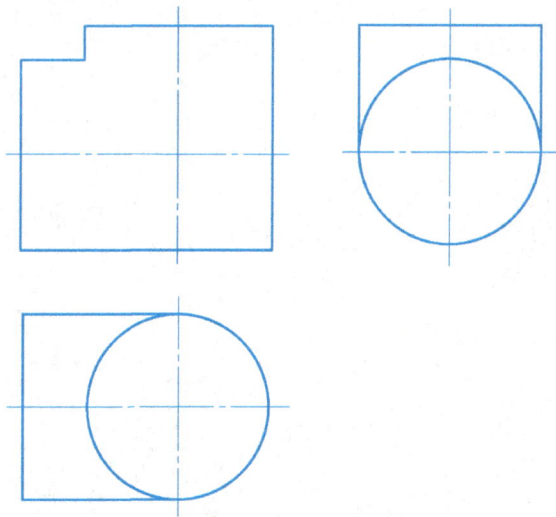

4.
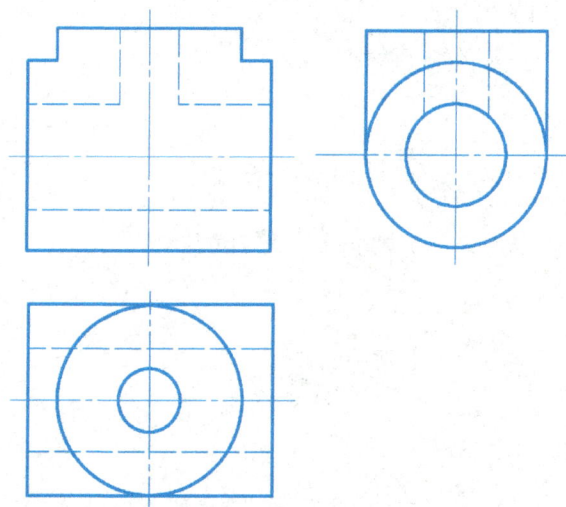

班级________ 姓名________ 学号________

3-6 补画立体表面交线的投影

1.

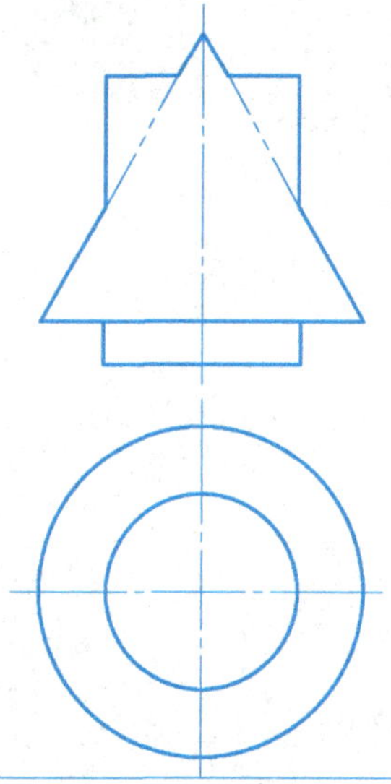

2.

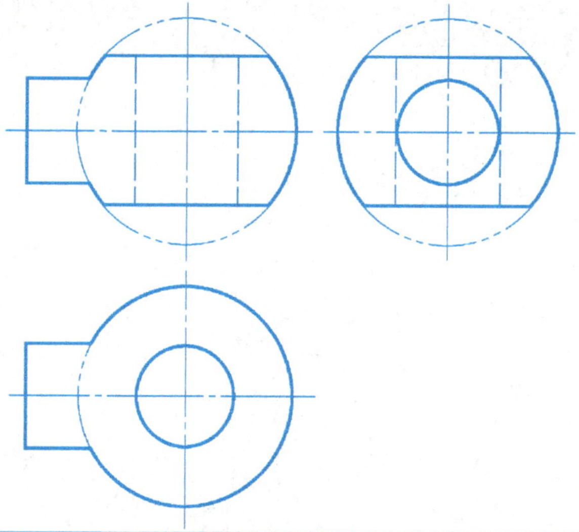

3.

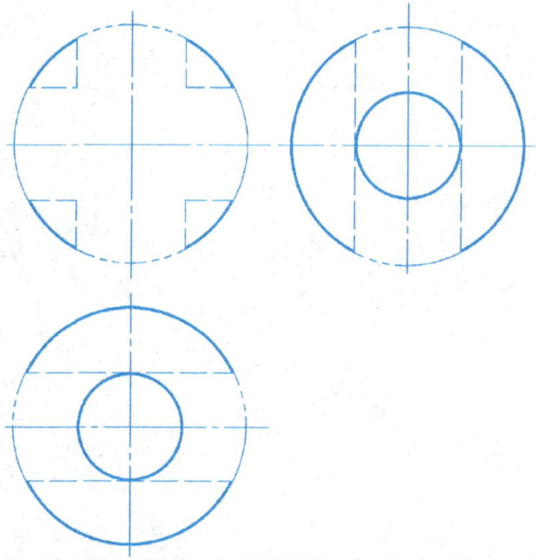

4. 求作圆柱与圆锥的相贯线(轴线正交)。

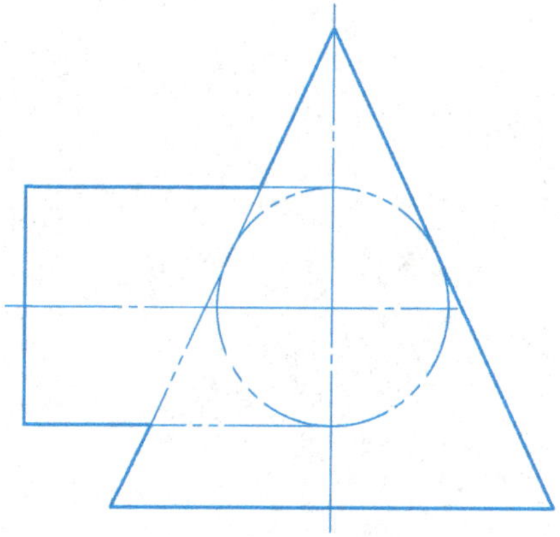

3-7 根据轴测图上给定的尺寸,画组合体的三视图(不标注尺寸,孔均为通孔)

1.

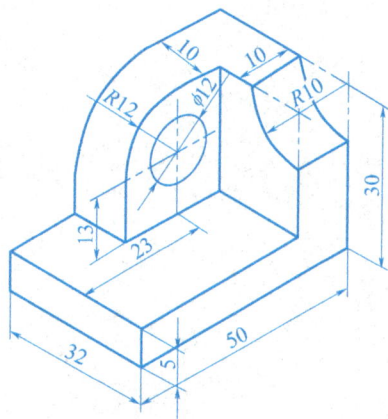

2.

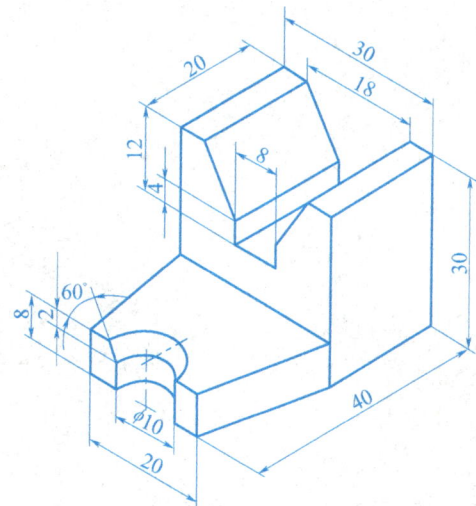

3-8 看懂视图,标注尺寸(尺寸数值从图中按比例1:1量取,并取整数)

1.

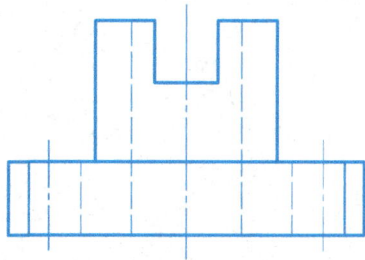

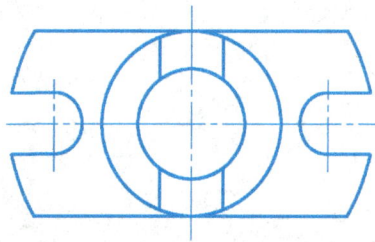

2.

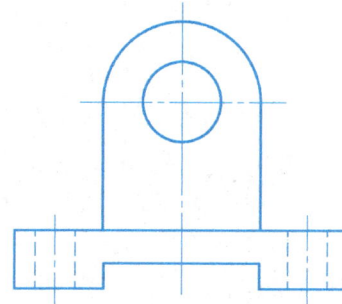

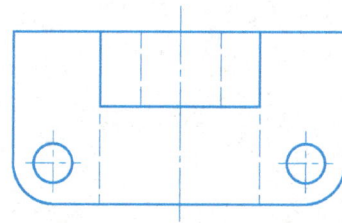

3-9 补全视图中所缺的图线

1.

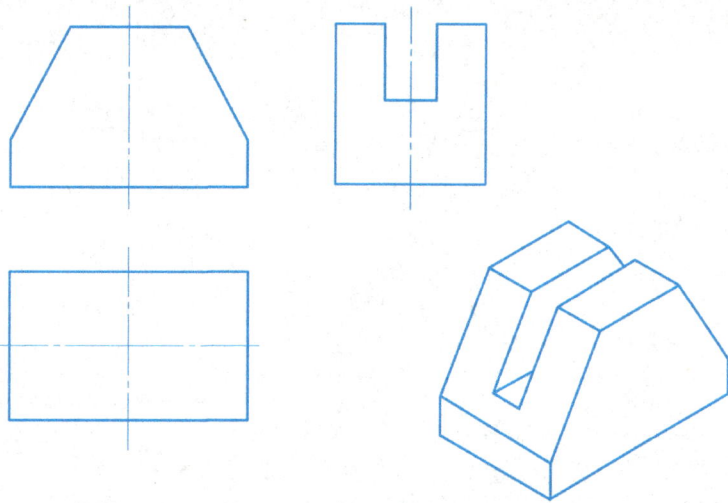

2.

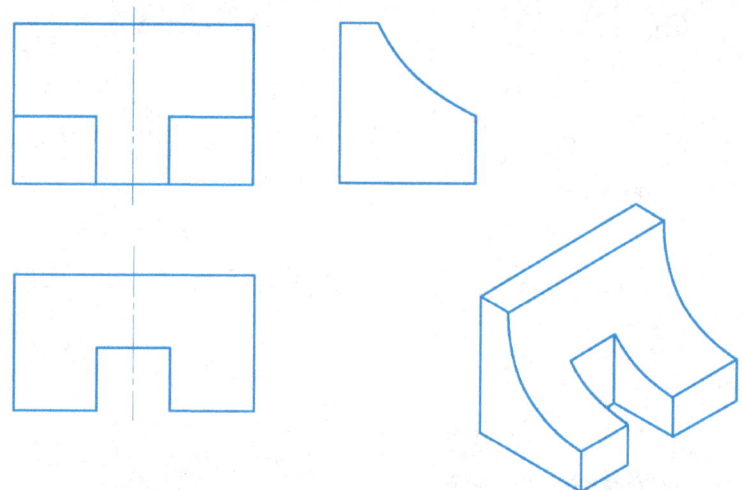

3.

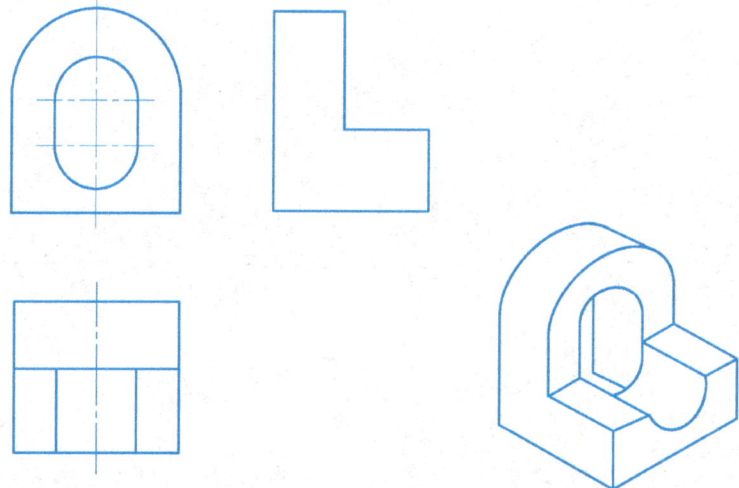

4.

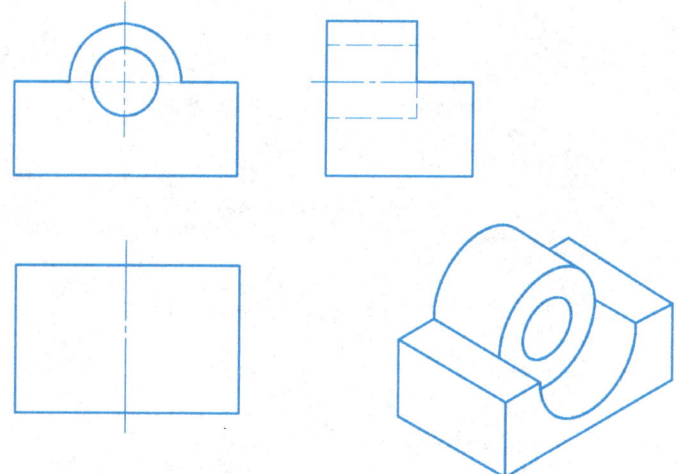

3-10　看懂两面视图,求作第三视图(一)

1.

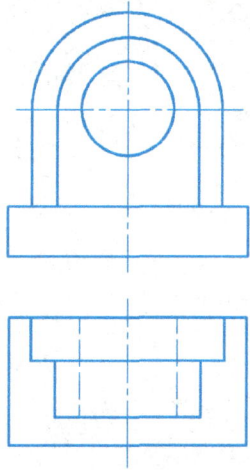

2.

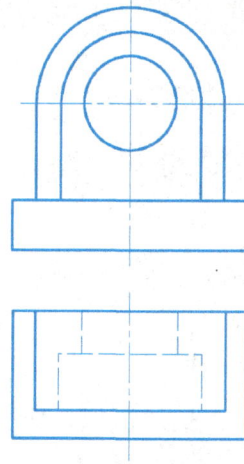

3.

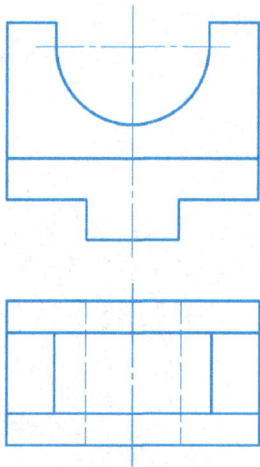

4.

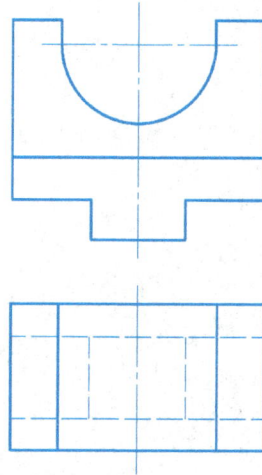

3-11 看懂两面视图,求作第三视图(二)

1.

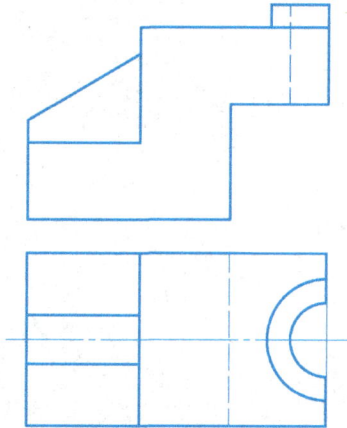

2.

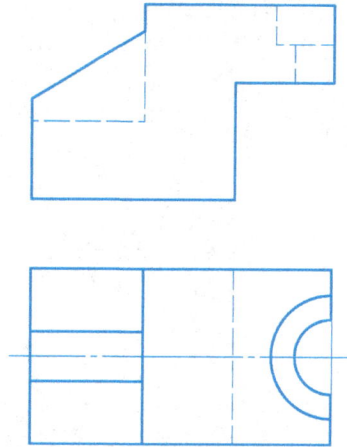

3.

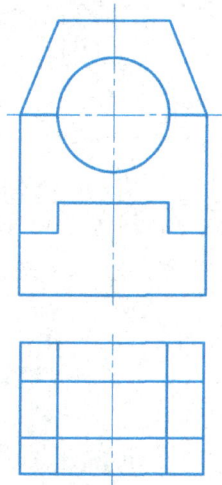

4.

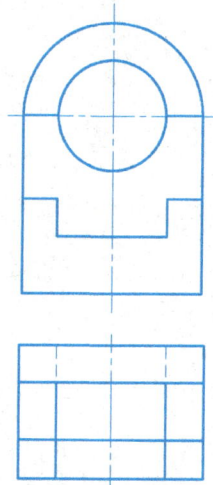

3-12 看懂两面视图,求作第三视图(三),徒手草图绘制

1.

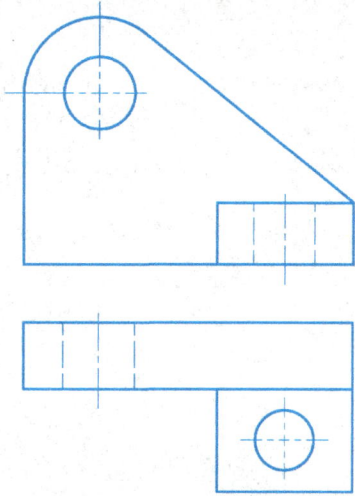

2.

3.

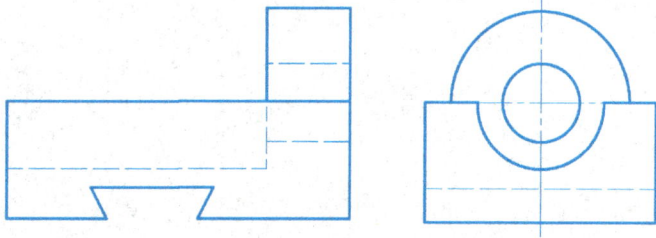

4.

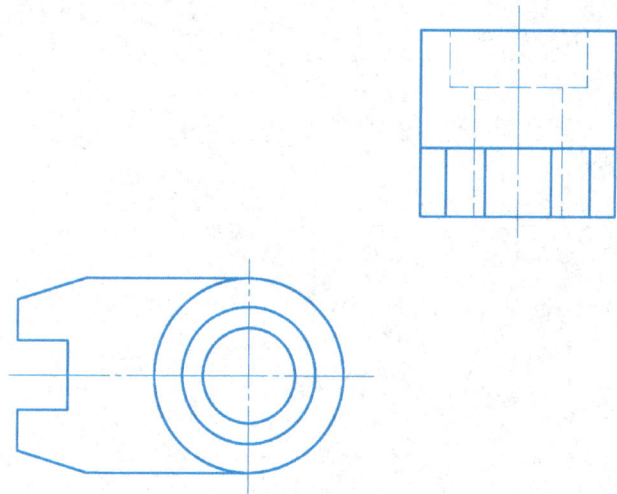

3-13　看懂两面视图,求作第三视图(四)

1.

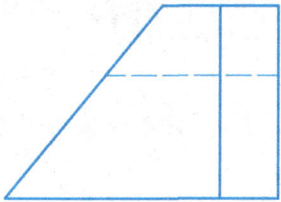

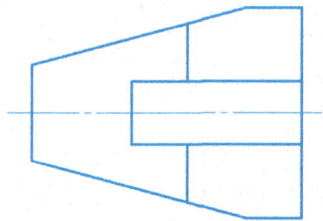

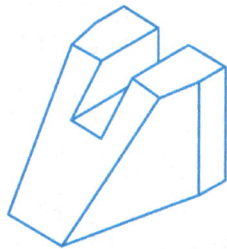

2.

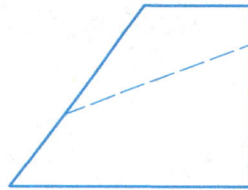

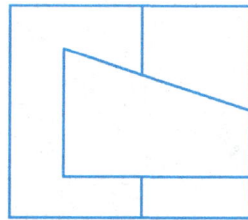

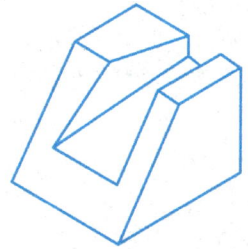

3.

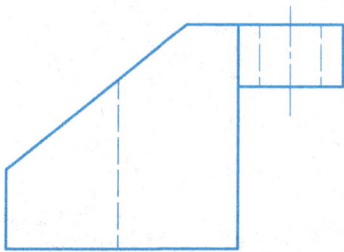

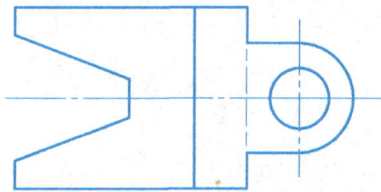

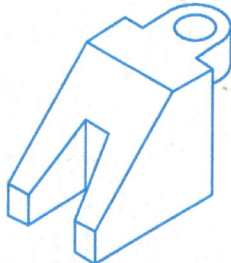

4.

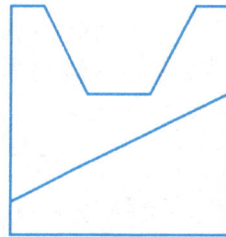

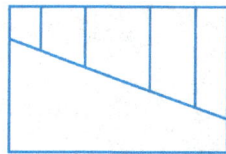

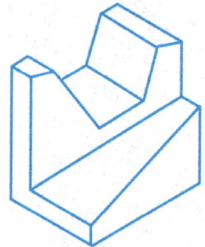

3-14 组合体构型设计(一)

1. 由主视图和俯视图构思出三个形体,分别画出它们的左视图(徒手绘制)。

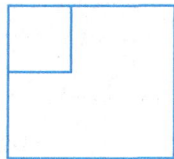

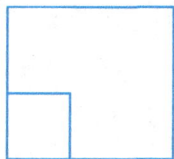

2. 由主视图和俯视图构思出三个形体,分别画出它们的左视图(徒手绘制)。

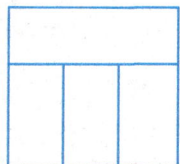

3-15 组合体构型设计(二)

1. 由主视图和俯视图构思出四个形体,分别画出它们的左视图(徒手绘制)。

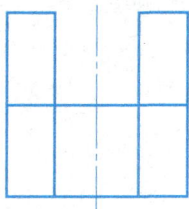

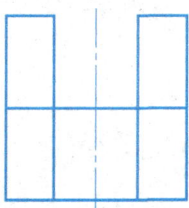

2. 由主视图构思出三个不同形体,并画出其俯视图和左视图(徒手绘制)。

(1)

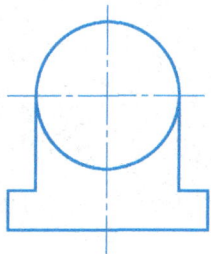

(2)

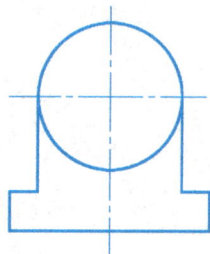

(3)

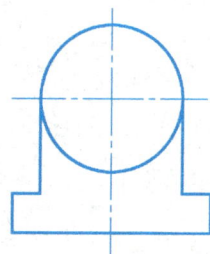

3-16 大作业:组合体视图

一、内容:根据轴测图选择适当比例、在 A4 图纸上画出组合体的视图,并标注尺寸。图名:组合体视图。

二、要求：

1. 主视图选择合理,视图表达完整清晰,投影正确。

2. 尺寸标注完整、清晰,并符合国家标准。

1.

40
20
通槽
6
$\phi20$
通孔
R20
20
10
12
8
25
45
10
8
48
32
72

2.

$\phi38$
22
$\phi15$ 通孔
68
45
$\phi84$
13
15
17
31
10
44
8

4-1 在图下空白处,画出下列物体的正等轴测图(一)

1.

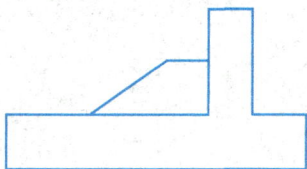

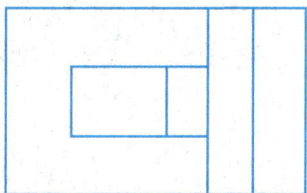

2.

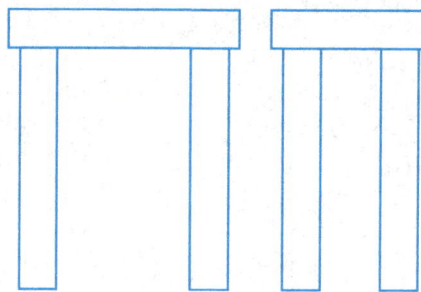

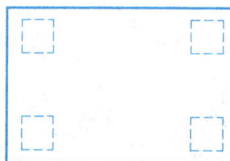

4-2 在图右侧空白处，画出下列物体的正等轴测图（二）

1.

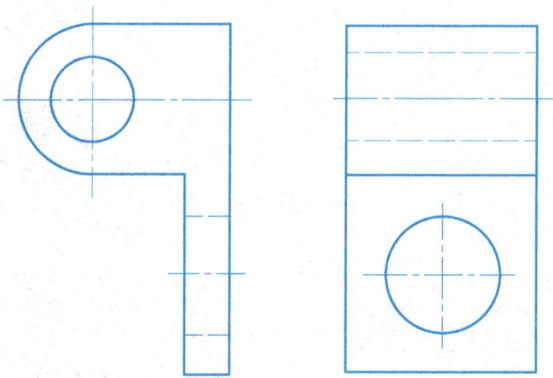

2.

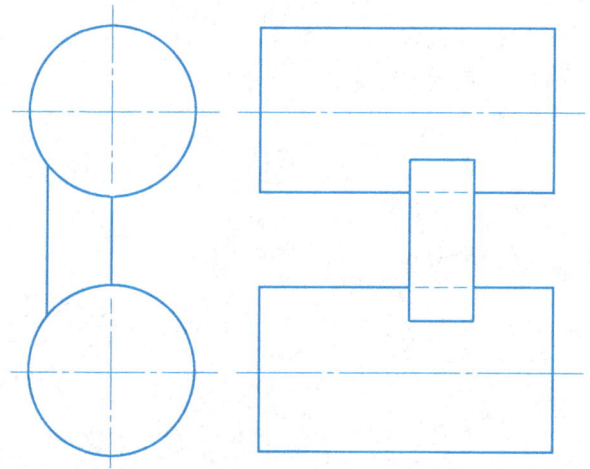

4-3 画出下列物体的斜二轴测图（一）

1.

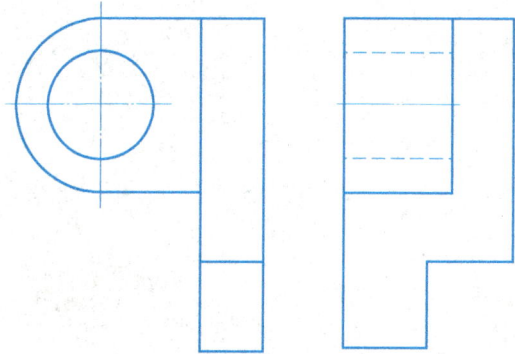

2.

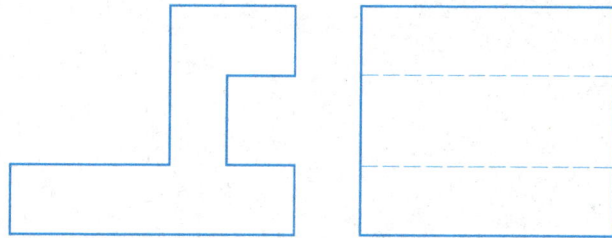

4-4 画出下列物体的斜二轴测图(二)

1.

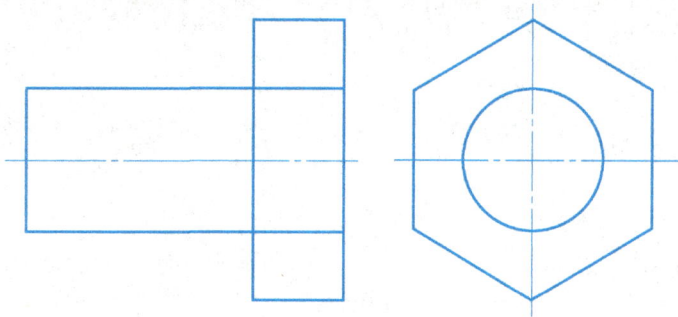

2.

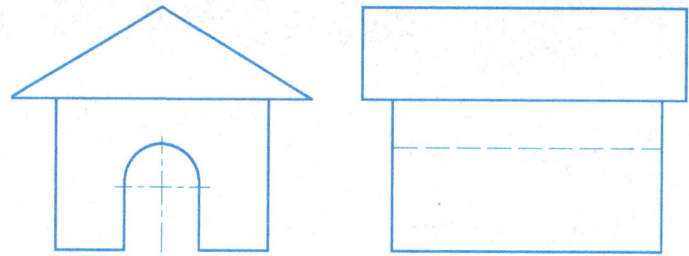

4-5 画出下列物体的轴测图(允许画成草图形式)

1. 画出"手提灯"的正等轴测图。

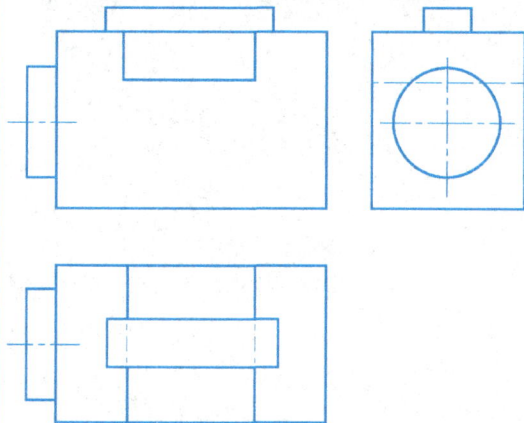

2. 在图示右下位置,画出"窗格"的斜二轴测图。

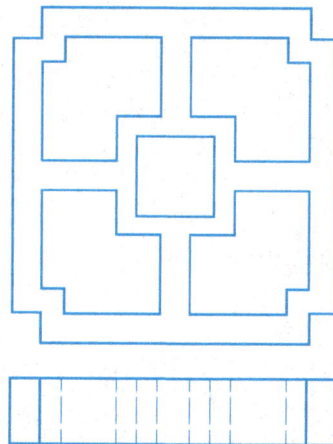

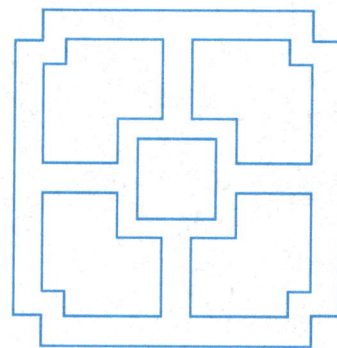

4-6 已知物体的两面投影图,分别画出其斜二测和正等测图,并做比较(允许画成草图形式)

2. 画出"台阶"的正等测图。

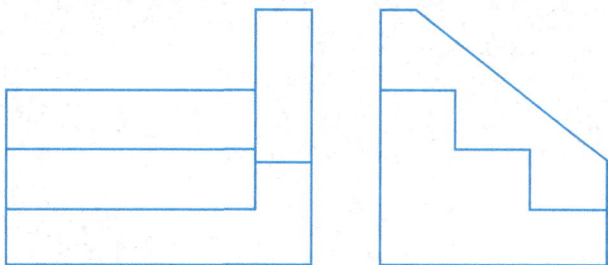

1. 画出"台阶"的斜二测图。

5-1　基本视图、向视图、斜视图和局部视图

1. 已知主视图、俯视图,画出左视图、右视图和仰视图。

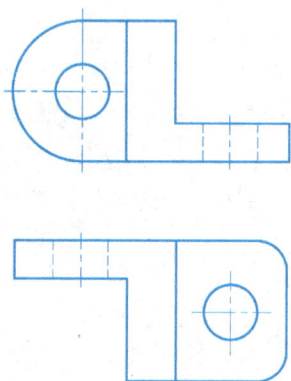

2. 已知主视图、俯视图,画出物件的 A 向斜视图和 B 向局部视图。

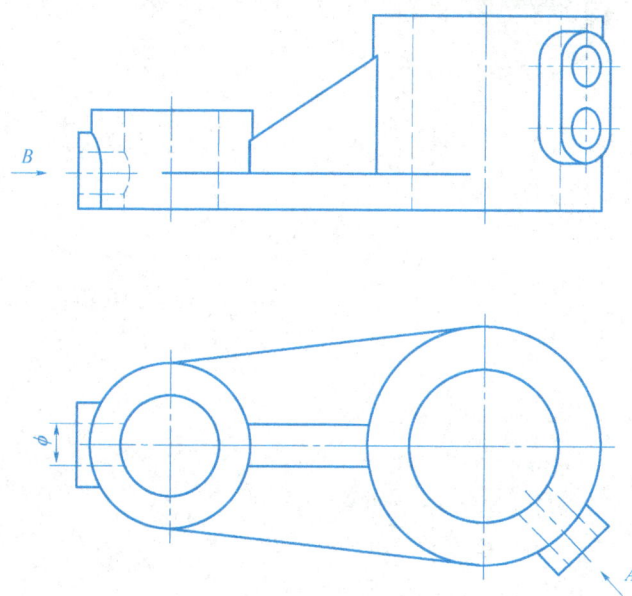

5-2 补全全剖主视图中所漏的图线

1.

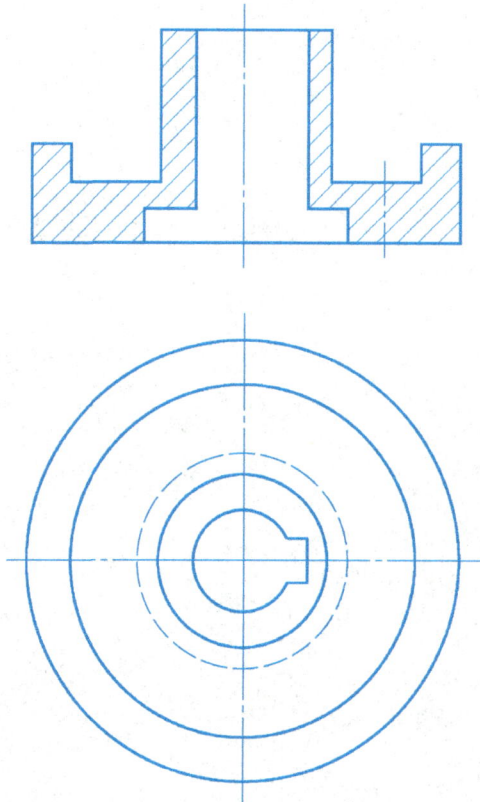

2.

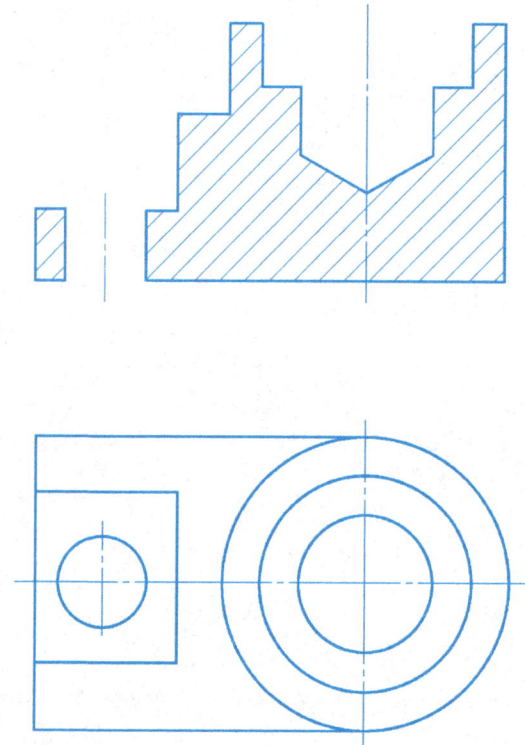

5-3 在给定位置将下列物体的主视图改画成全剖视图,并标记剖切符号(剖切位置、投影方向、剖视图名称)

1.

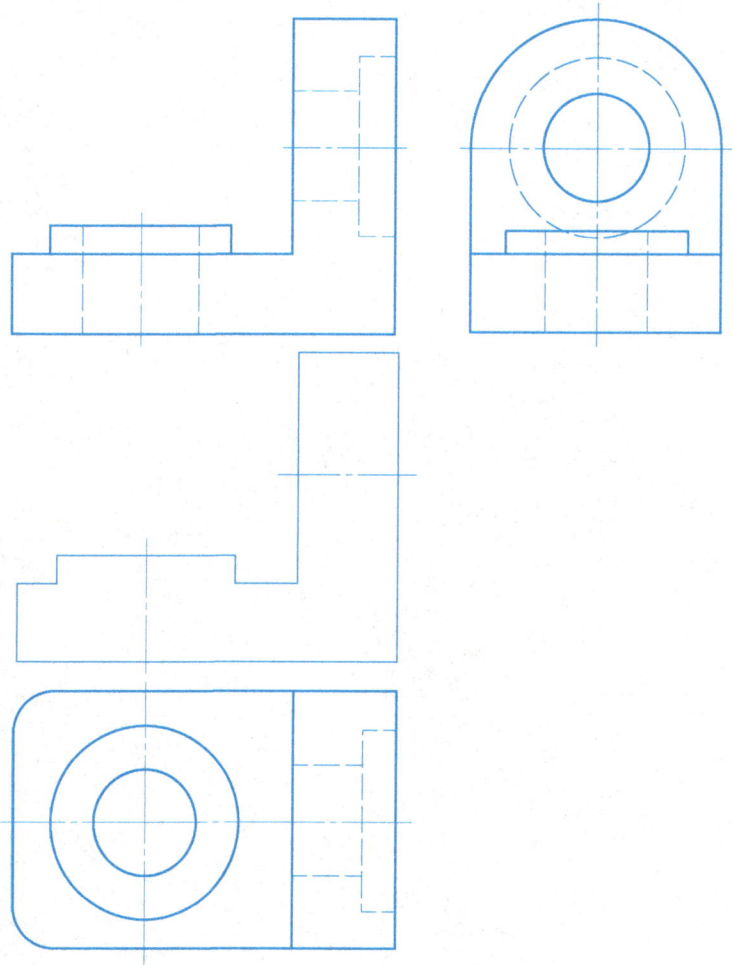

2.

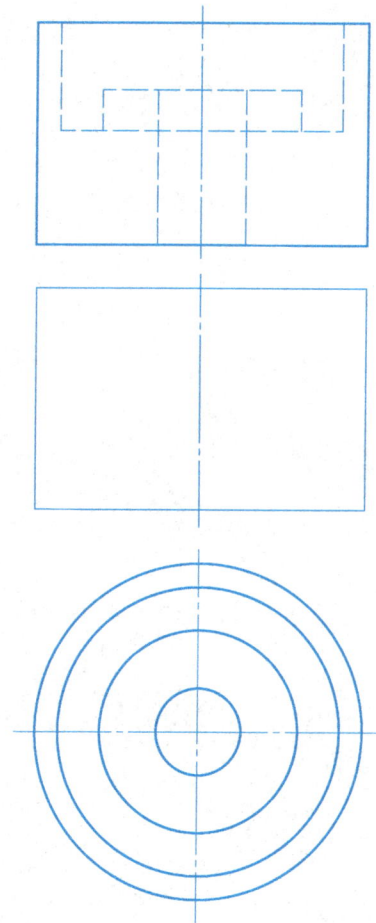

5-4 在给定位置将下列物件的主视图改画成半剖视图,并标记剖切符号

1.

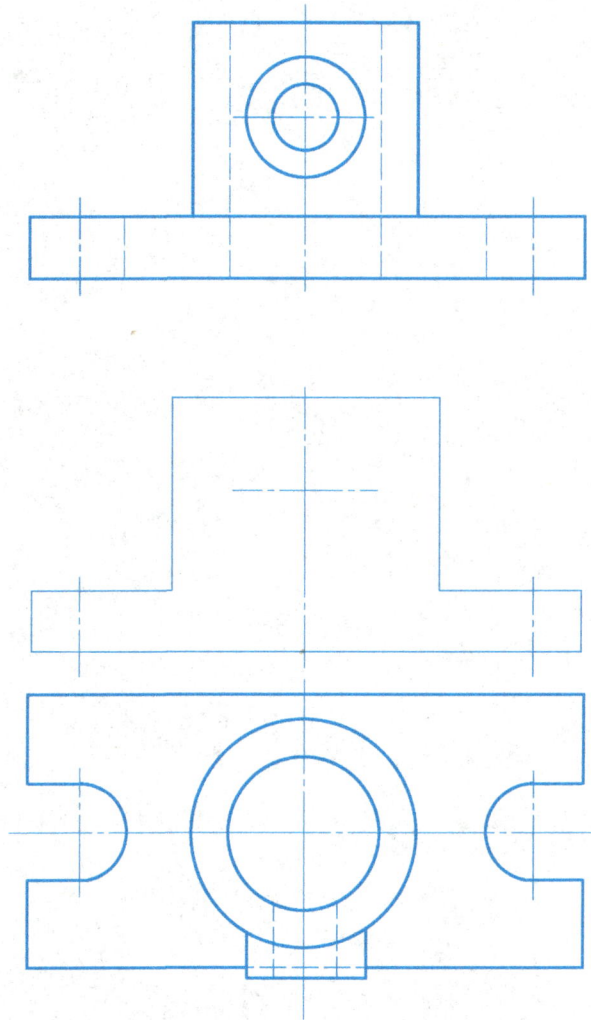

2.

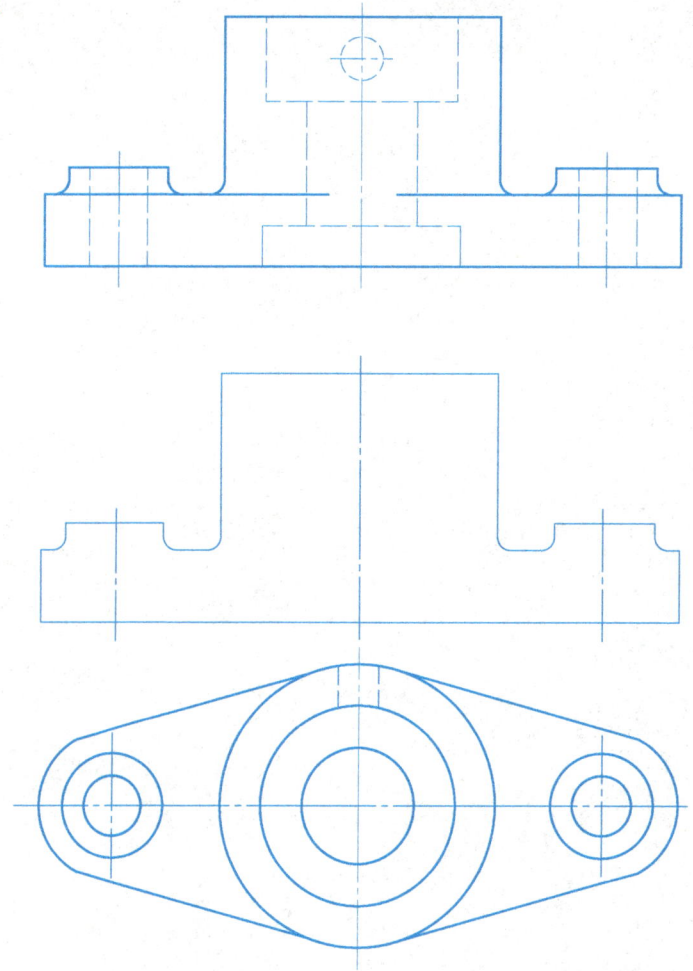

5-5　将下列物体的主视图和俯视图改画成局部剖视图

1.

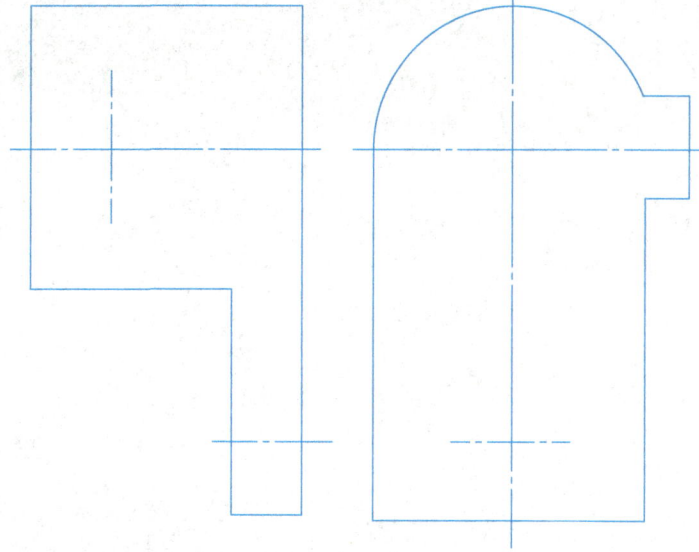

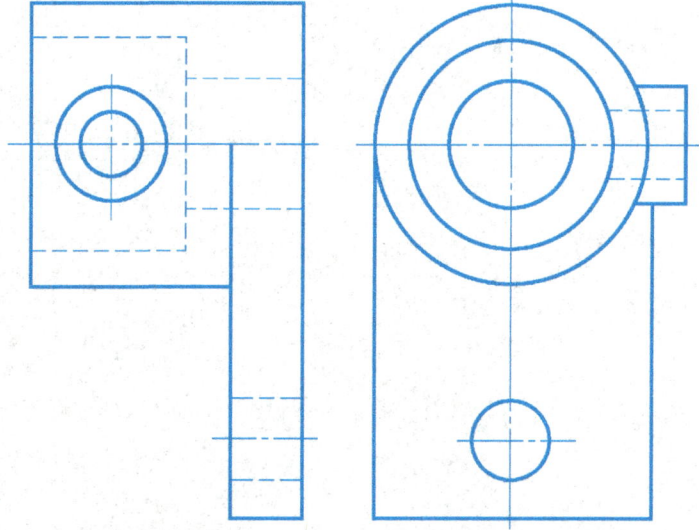

2.

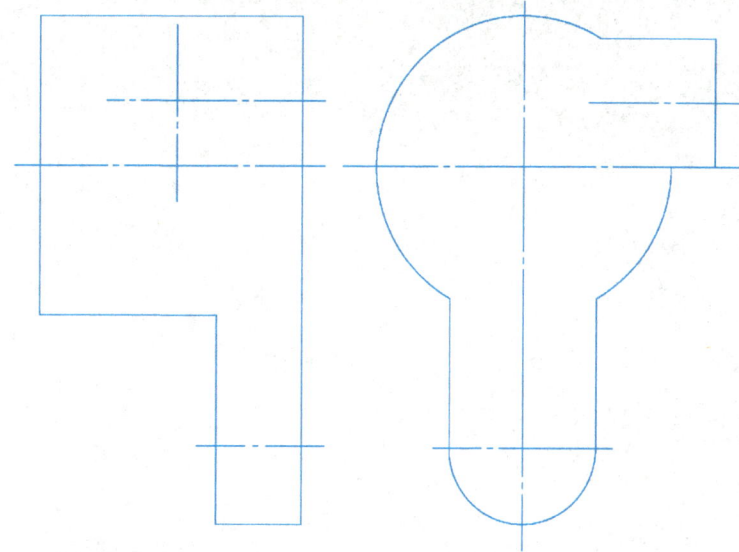

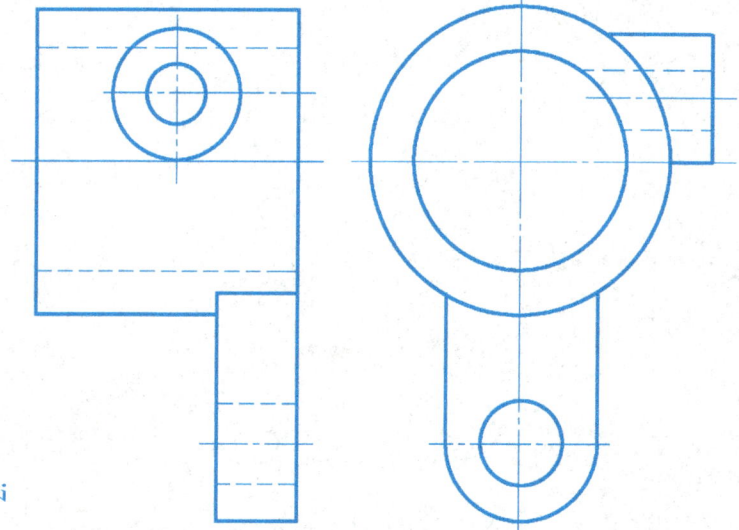

5-6　用旋转剖或阶梯剖画出下列物件的主视图,并标记剖切符号

1.

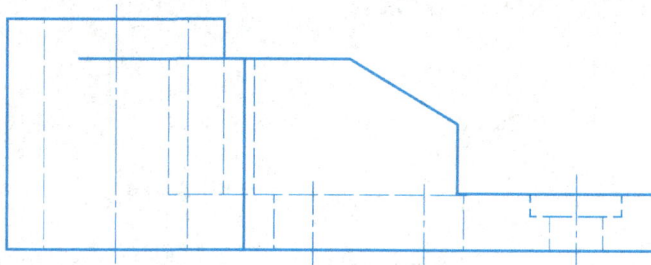

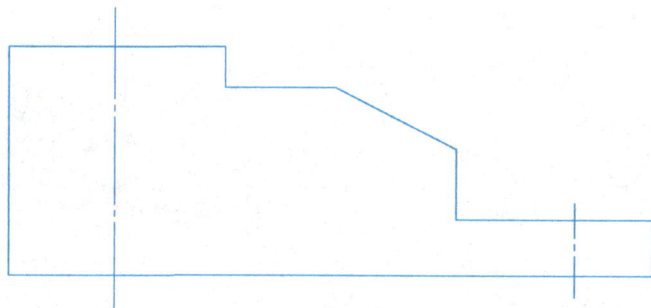

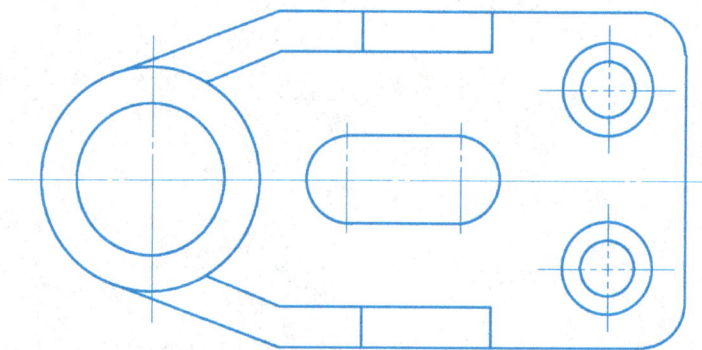

2.

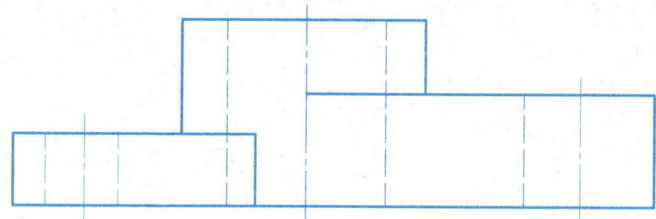

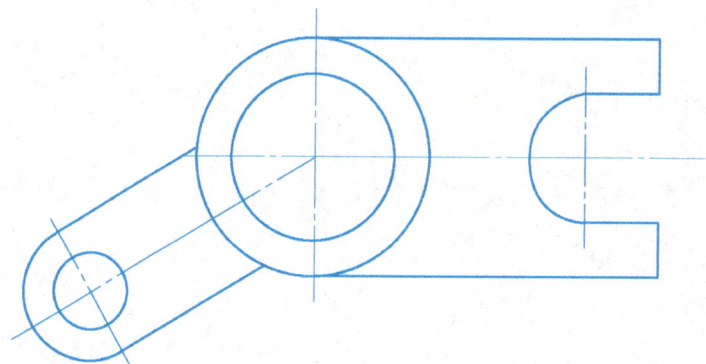

5－7 断面图

1. 画出 A—A 移出断面图。

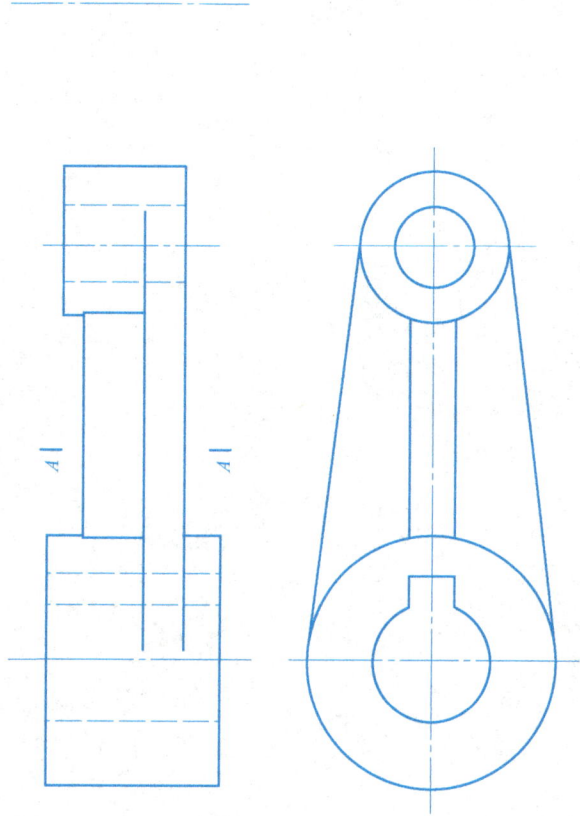

A A

2. 在指定位置按比例 1：1 画出轴的断面图。

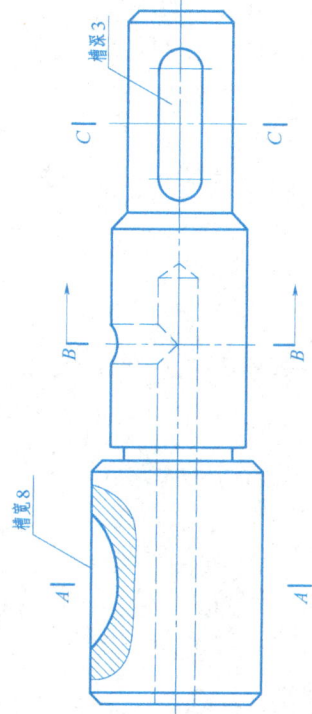

槽深 3

C C

B B

槽深 8

A A

5-8 大作业:表达方法的综合应用

一、内容:根据所给物件的立体图,选择适当的表达方法画出物体的视图,并标注尺寸(任选一题)。

二、要求:采用 A3 或 A4 图纸,比例 1:1,图样名称:剖视图画法。标题栏参见教材简易标题栏。

1.

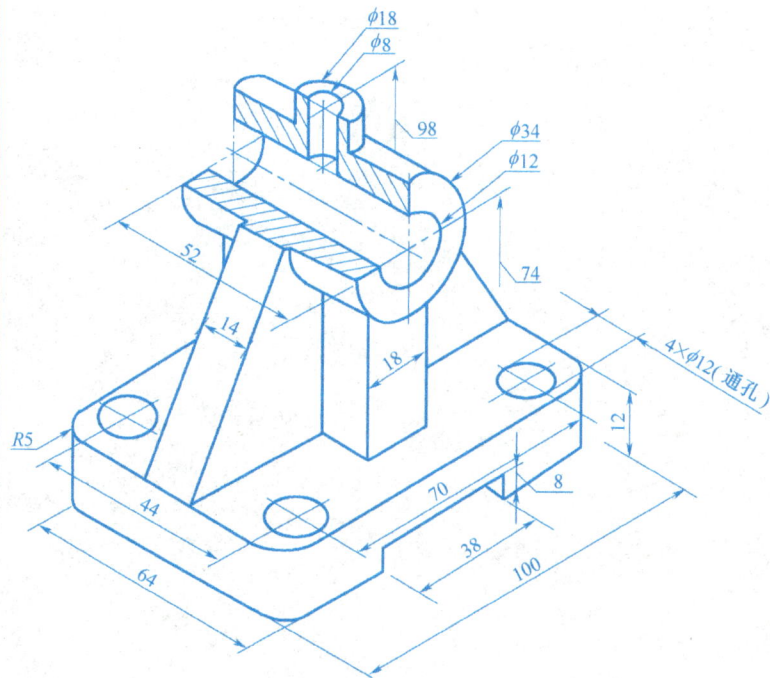

2.

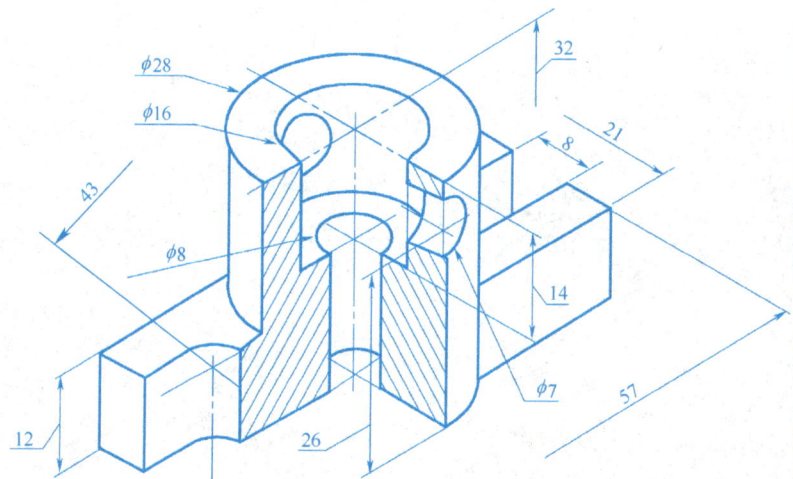

班级_____ 姓名_____ 学号_____

5-9 在正确的螺纹画法下打"√"

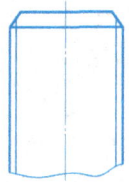
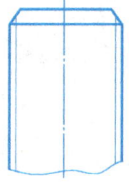

（a）　　　　（b）

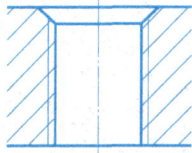
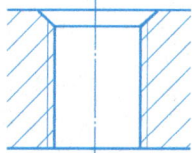

（c）　　　　（d）

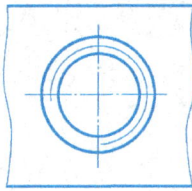
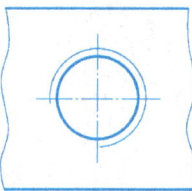

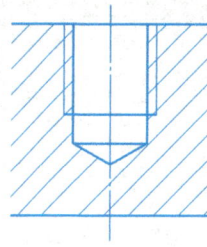
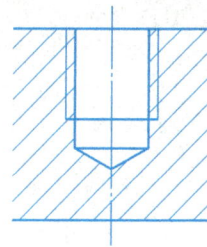

（e）　　　　（f）

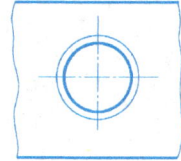
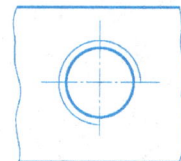

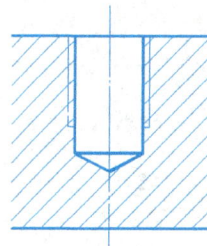
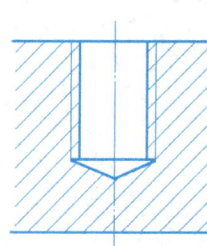

（g）　　　　（h）

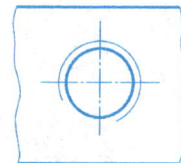

5-10 螺纹及紧固件

1. 根据给出的螺纹要素，进行标注。

(1) 粗牙普通螺纹，大径30mm，螺距3.5mm，单 线右旋。

(2) 粗牙普通螺纹，大径 20mm，螺距 3.5mm，单线右旋。

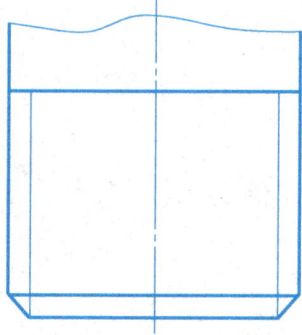

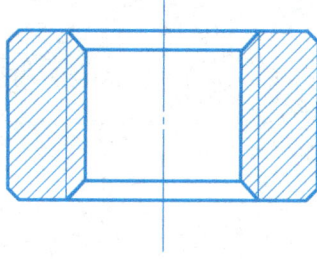

2. 根据螺纹紧固件的标记画其视图（比例画法）。

(1) 螺母 规格尺寸 GB/T 6170 M12

(2) 六角头螺栓 规格尺寸 GB/T 5782 M12×40

6-1　大作业:根据轴测图绘制零件图

一、要求:零件表达方案合理,视图表达完整、清楚。尺寸与技术要求等标注完整、准确。任选一题。

二、指导:A4 幅面图纸,采用 1:1 比例。先布图、画出底稿,再按要求标注尺寸、填写技术要求和标题栏,最后检查、修改、加深,完成全图。标题栏参见教材简易格式,图样名称写具体零件名称。

1.

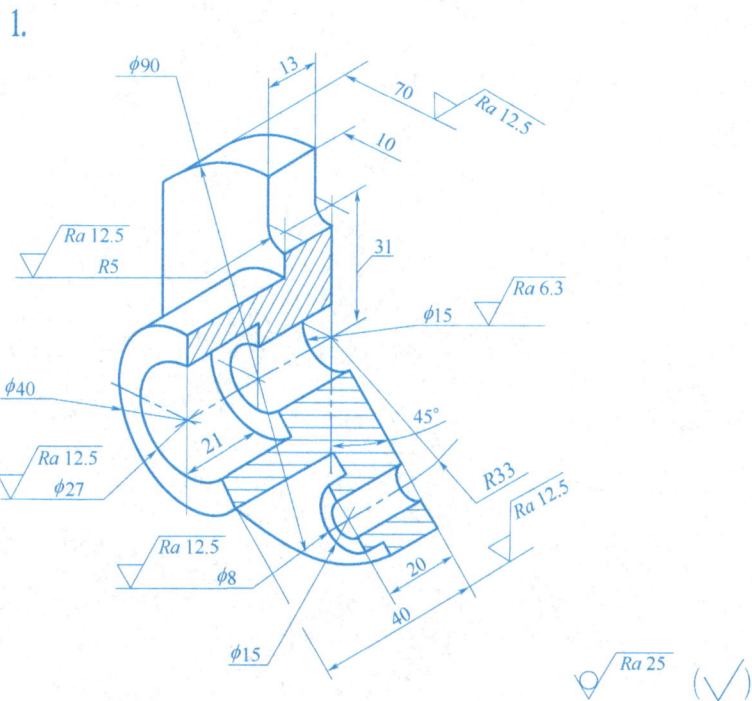

压套	比例	1:1
	材料	HT150

2.

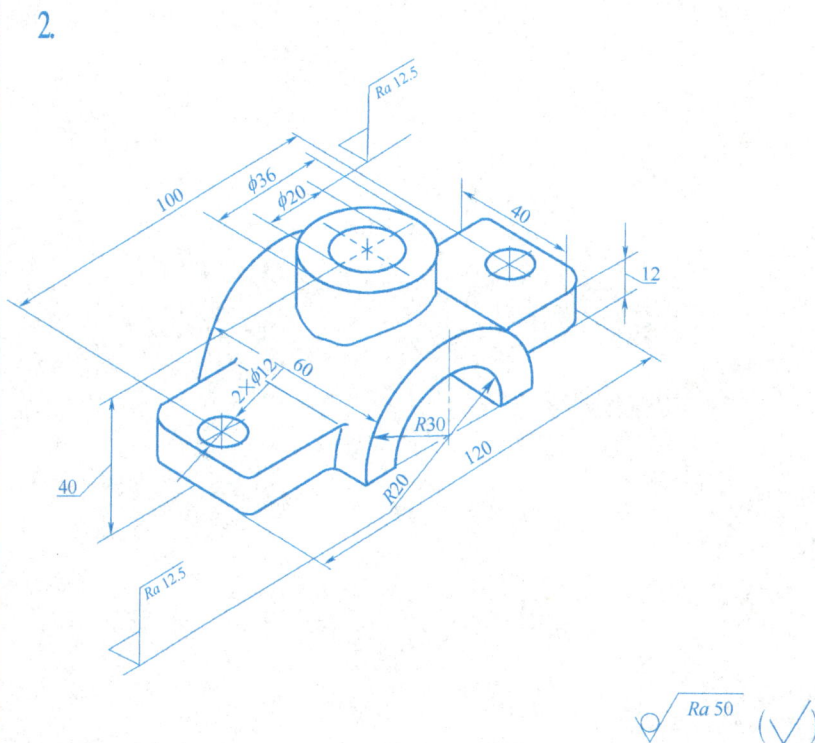

技术要求:
1. 未注圆角 R2;
2. 未注倒角 C1。

轴承盖	比例	1:1
	材料	HT200

6-2 在结构尺寸标注正确的图号上打"√"

1.

C2

2.

2×30°

3.

2×ϕ40

4.

4×ϕ4▽10

5.

6

3

6.

4×ϕ10
⌴ϕ20

6-3 在标注正确的粗糙度代号上打"√"

1.

Ra 1.6   Ra 1.6

Ra 1.6

Ra 1.6

2.

Ra 1.6

Ra 1.6

Ra 1.6

3.

Ra 1.6

Ra 1.6

Ra 1.6

6-4 看懂零件图,回答下列问题

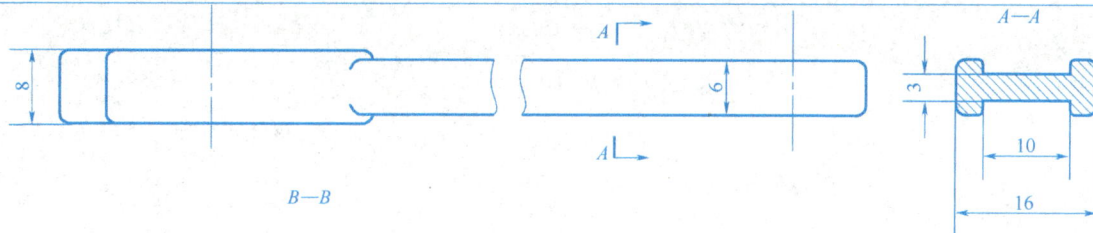

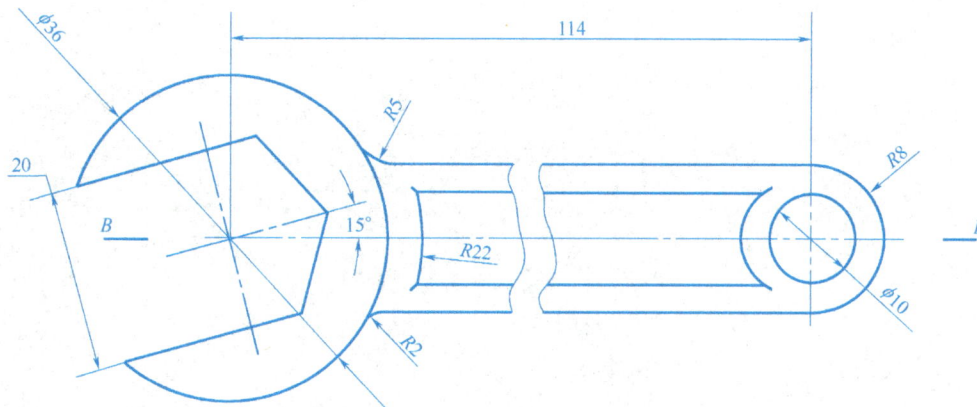

技术要求:
1. 未注圆角R1;
2. 表面镀铬处理。

1. 该零件的名称是_____,零件材料是_____。
2. 右上角画剖面线的图是_____图,对该图上下均凹入中部的结构,在俯视图上找出并涂黑。
3. 图中尺寸20的槽的用途是_____,槽中拐角处的圆角半径 R=_____。
4. 在给定位置绘制 B—B 剖视图。

| 扳手 | 比例 | 1:1 |
| | 材料 | 50Cr |

6-5　读主轴零件图,回答问题并填空

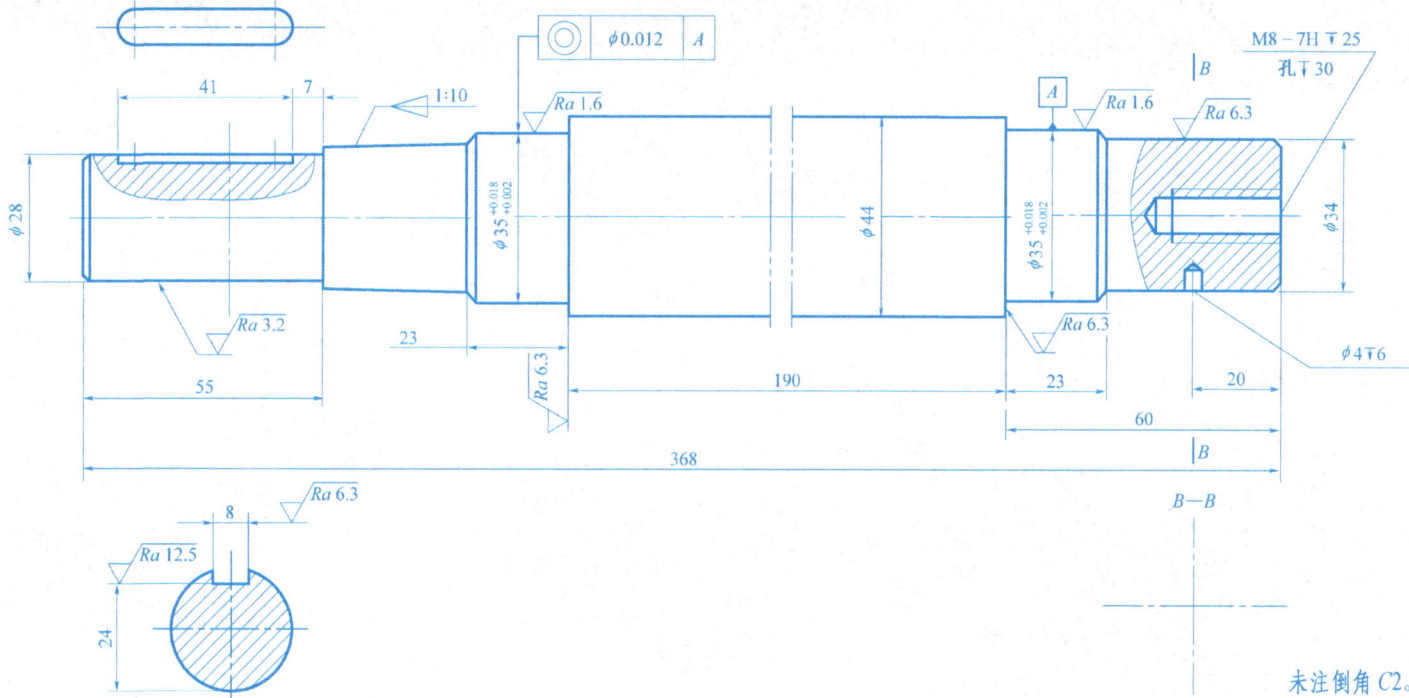

1. 该零件的名称是_____,零件材料是_____。在右给定位置绘制 $B—B$ 断面图。

2. 图中画出了哪些工艺结构:_____,请补上这些工艺尺寸。

3. 主视图采用了_____和_____画法,$\phi34$ 圆柱面的粗糙度要求是_____。

4. $\phi35^{+0.018}_{+0.002}$ 的公称尺寸是_____,上极限尺寸是_____,下偏差是_____,公差是_____。

主轴	比例	1:1
	材料	45

6-6 看懂零件图,回答下列问题并填空

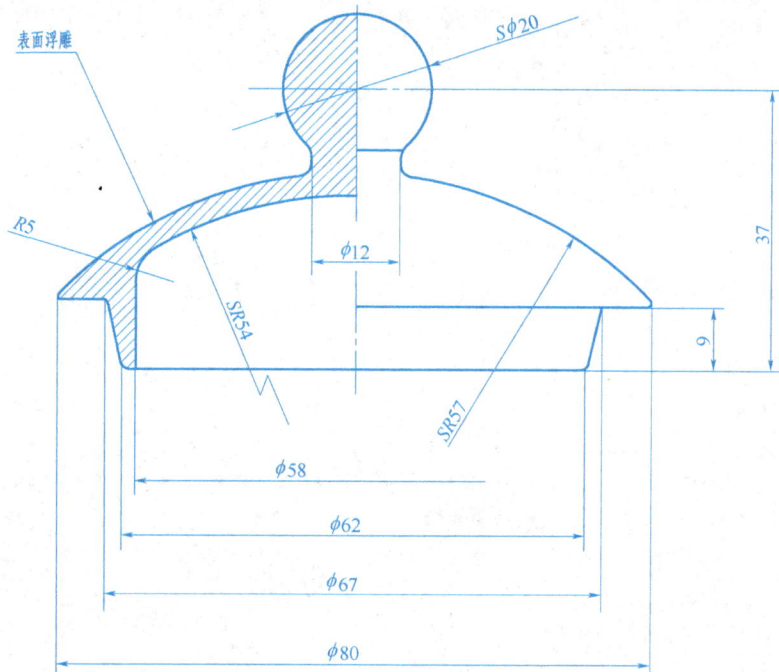

表面浮雕

Sϕ20

R5

ϕ12

37

9

SR54

SR57

ϕ58

ϕ62

ϕ67

ϕ80

技术要求:

1. 未注圆角 $R1 \sim R1.5$;

2. 壶盖表面的浮雕在专用模具中压制而成。

1. 该零件的名称是_____,零件材料是_____。

2. 该零件用了一个_____视图表达,该表达方案的优点是_____。

3. 对该零件提出的表面质量要求是_____。

4. 图中尺寸符号 SR57 含义是_____。Sϕ20 的含义是_____。

$\sqrt{Ra\,50}$ ($\sqrt{}$)

壶 盖	比例	1:1
	材料	紫泥

6-7 紧固件装配画法

1. 装配图画法正误判断题。在下列正确的图号上打∨、错误的图上打×。

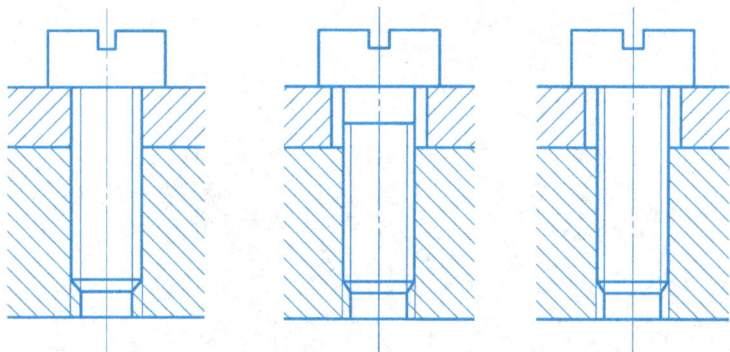

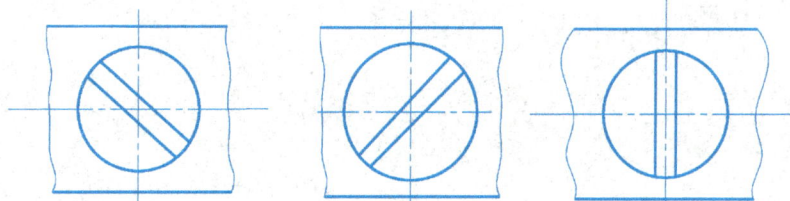

(a)　　　　(b)　　　　(c)

2. 分析螺栓连接画法错误,并在指定位置画出正确图形。

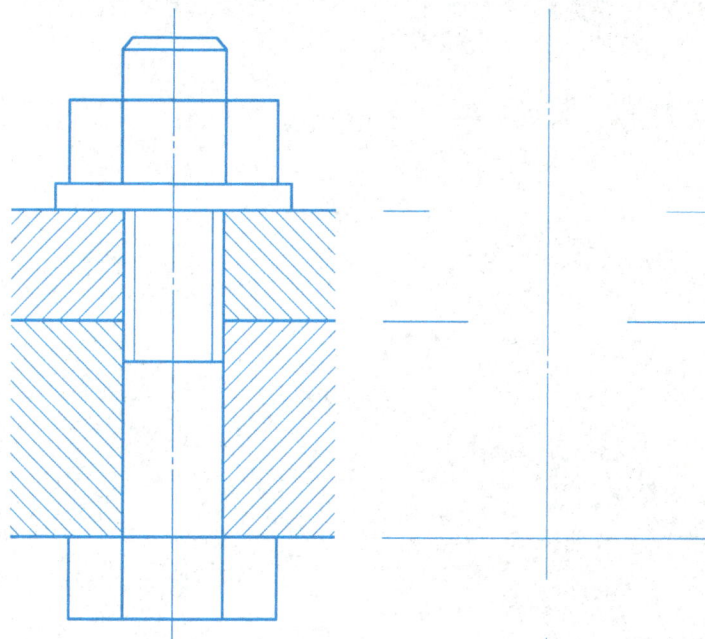

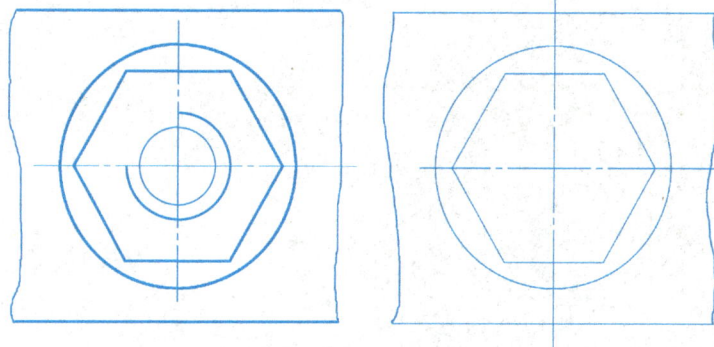

6-8 装配图画法

1. 在圆柱销连接图中补画遗漏的剖面线。

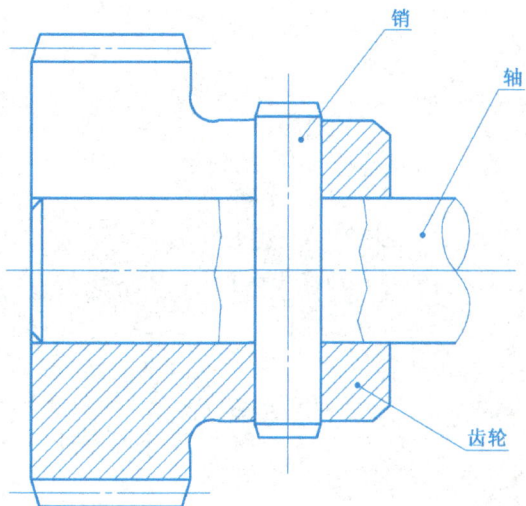

销

轴

齿轮

2. 绘制局部结构装配图：把轴承、端盖、螺栓依次装配到左侧的轴和座体中，要求接触面贴紧、配合面(对应的轴径与孔径相等)共轮廓线、非接触面体现间隙。

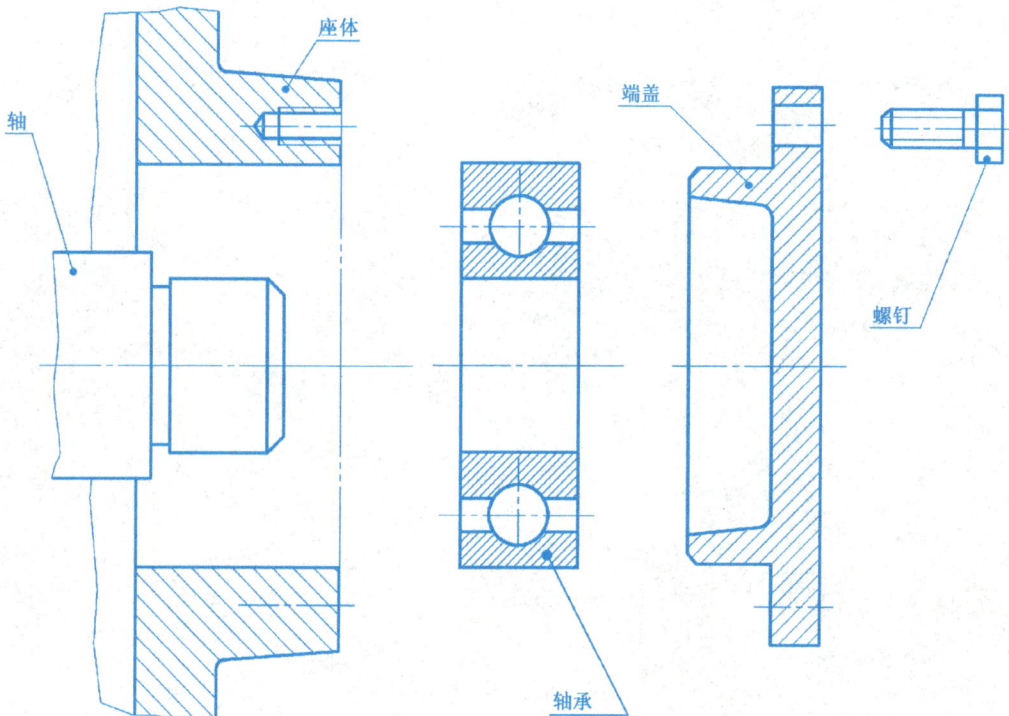

座体

轴

端盖

螺钉

轴承

6-9　看懂千斤顶立体图,分析零件形状并绘制"螺旋杆"等2个零件图(或草图形式,尺寸不注数值)

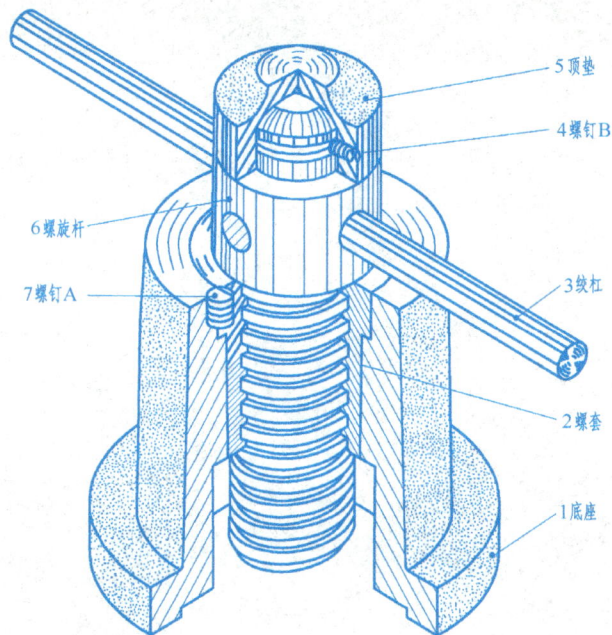

5顶垫

4螺钉B

6螺旋杆

3绞杠

7螺钉A

2螺套

1底座

工作原理:

　千斤顶工作时,用绞杠带动螺旋杆在螺套中作旋转运动,螺旋作用使螺旋杆上升,通过螺旋杆头部的顶垫顶起重物。

　骑缝安装的螺钉A阻止螺套旋转。顶垫与螺旋杆头部以球面接触,其内径与螺旋杆有较大间隙,既可减小摩擦力不使顶垫随同螺旋杆旋转,又可自调心使顶垫上平面与重物贴平。螺钉B可防止顶垫脱出。

　作业提示:

①注意利用剖面线区分零件边界;

②利用轴类实心零件不画剖面线。

1. 零件图一(螺旋杆):

2. 零件图二(底座、螺套、顶垫任选1个):

6-10 看懂顶尖头装配图,在下方拆画出顶尖零件的视图

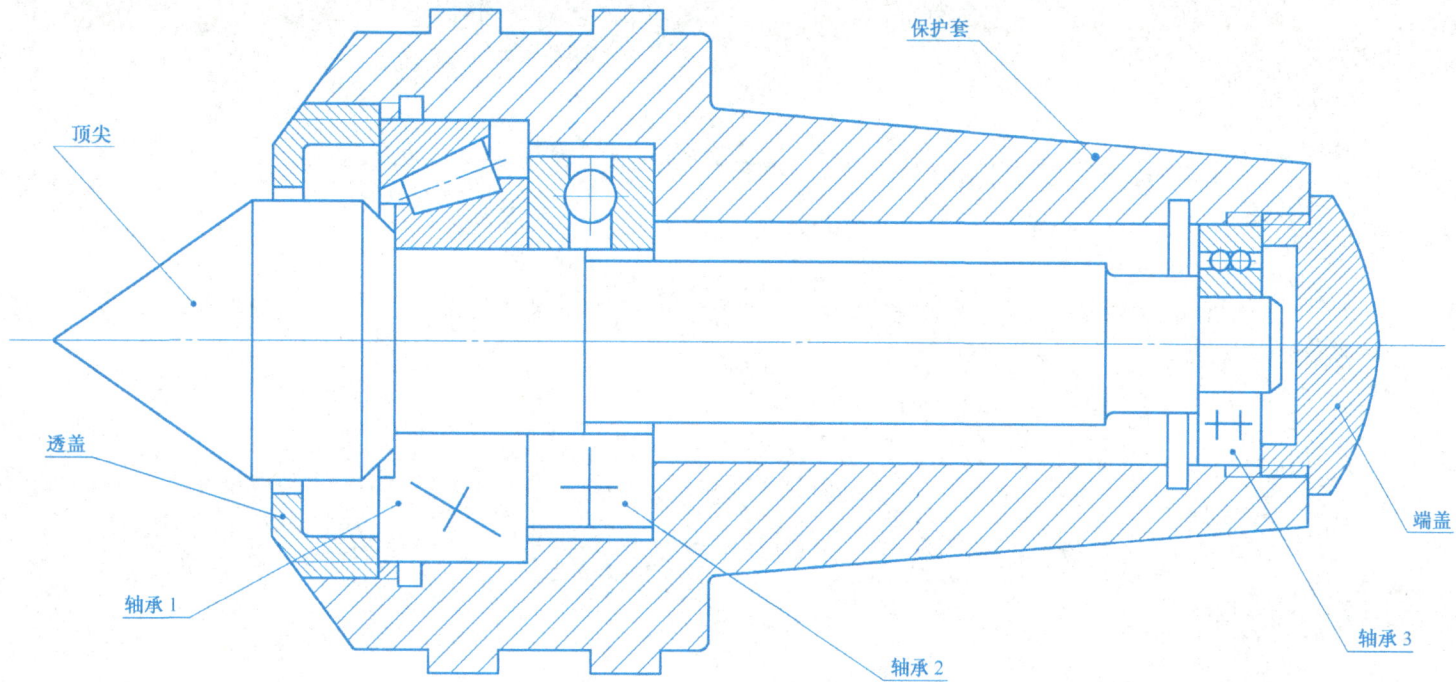

保护套

顶尖

透盖

轴承 1

轴承 2

轴承 3

端盖

6-11 根据零件图与装配示意图,在右侧预定位置,拼画"可拆卸清洗瓶"的装配图

装配示意图

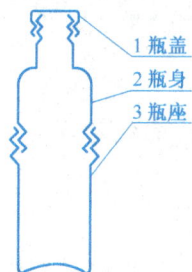

1 瓶盖
2 瓶身
3 瓶座

提示:

　瓶座与瓶身、瓶盖与瓶身的螺纹连接段,必须按旋紧位置画出。

1. 瓶盖

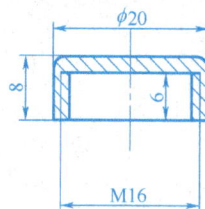

2. 瓶身

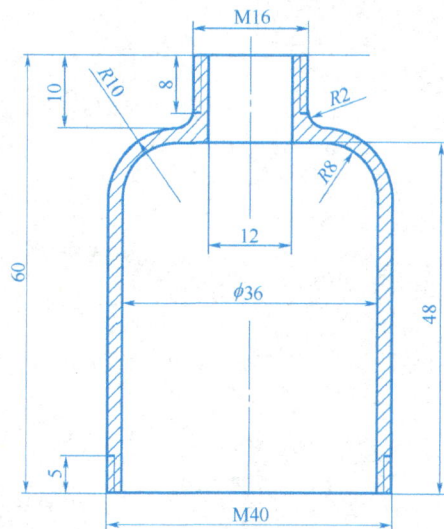

3. 瓶座

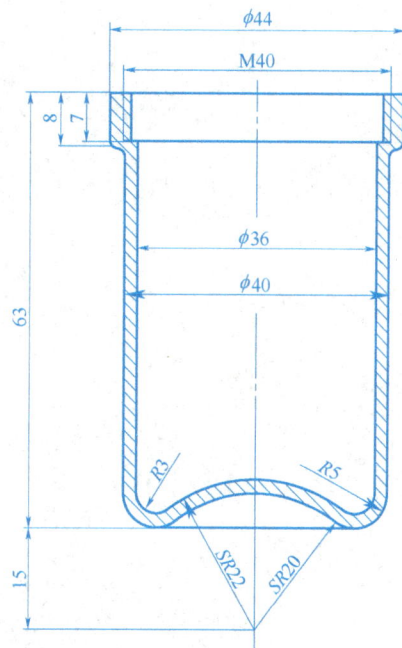

7-1　求作截头四棱柱侧面的展开图

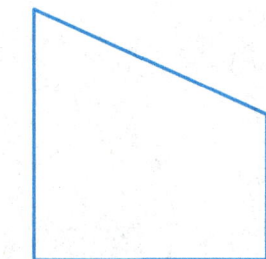

$b'(a')$　　　A

a

b

7-2　求作截头三棱锥侧面的展开图

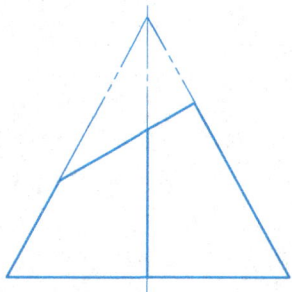

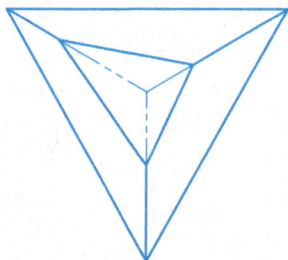

7-3 求作斜口圆管的表面展开图

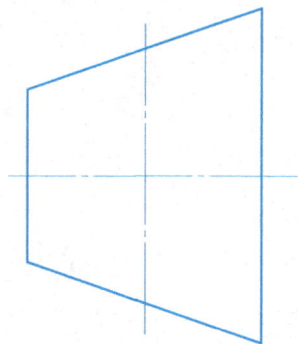

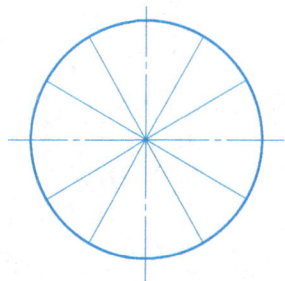

7-4 求作截头圆锥面的展开图

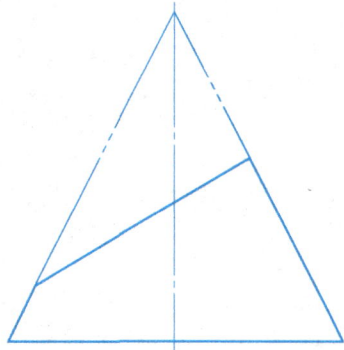

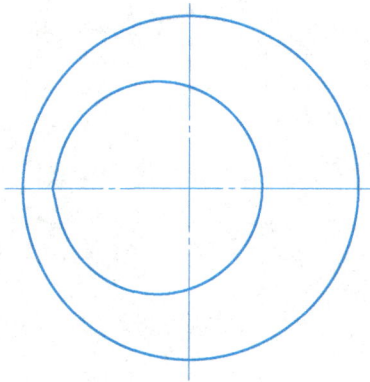

7-5 求作变形接头的表面展开图

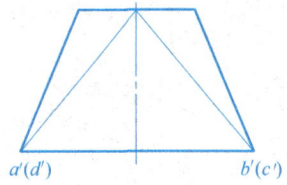

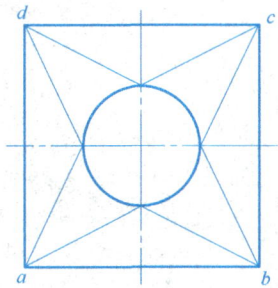

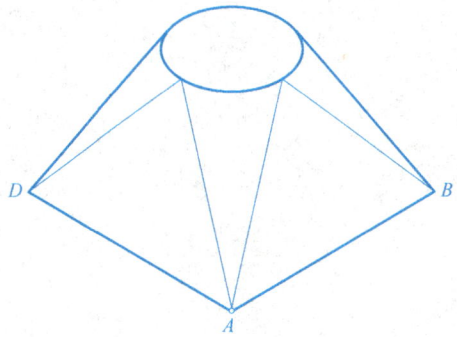

$a'(d')$ $b'(c')$

d c

a b

D B

A

A ——————— B

7-6 求作图示立体的左视图和表面展开图

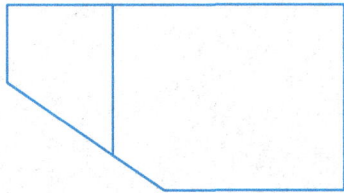

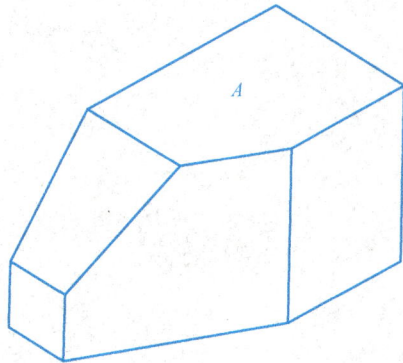

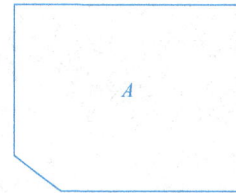

8-1　作出"桌子"的一点透视图

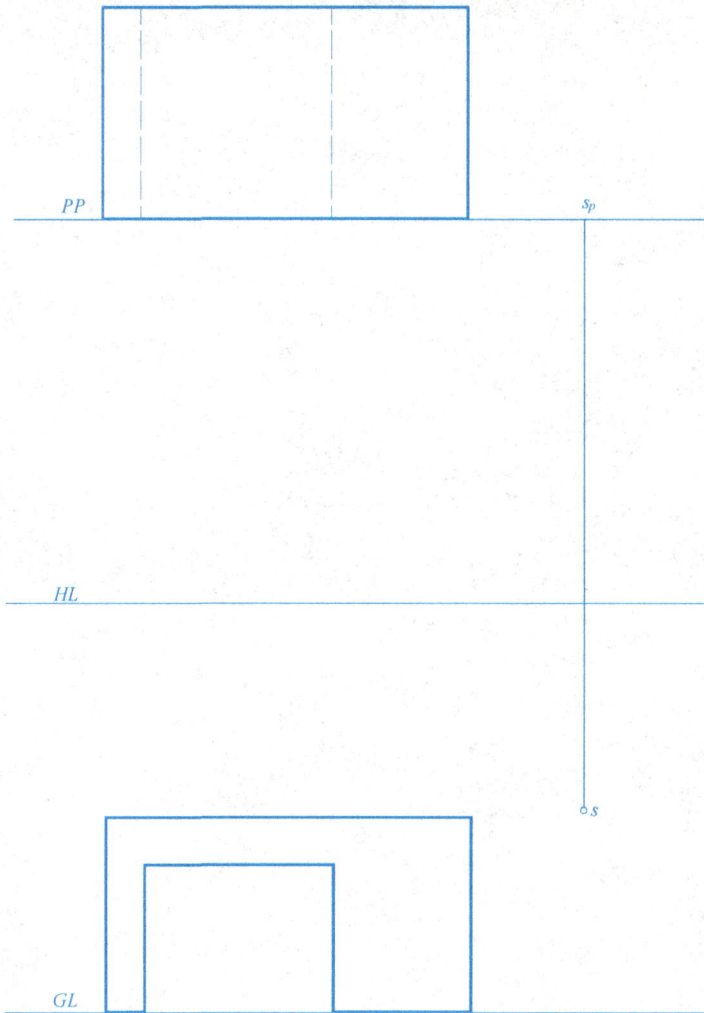

PP

s_p

HL

GL

8-2　作出"台阶"的一点透视图

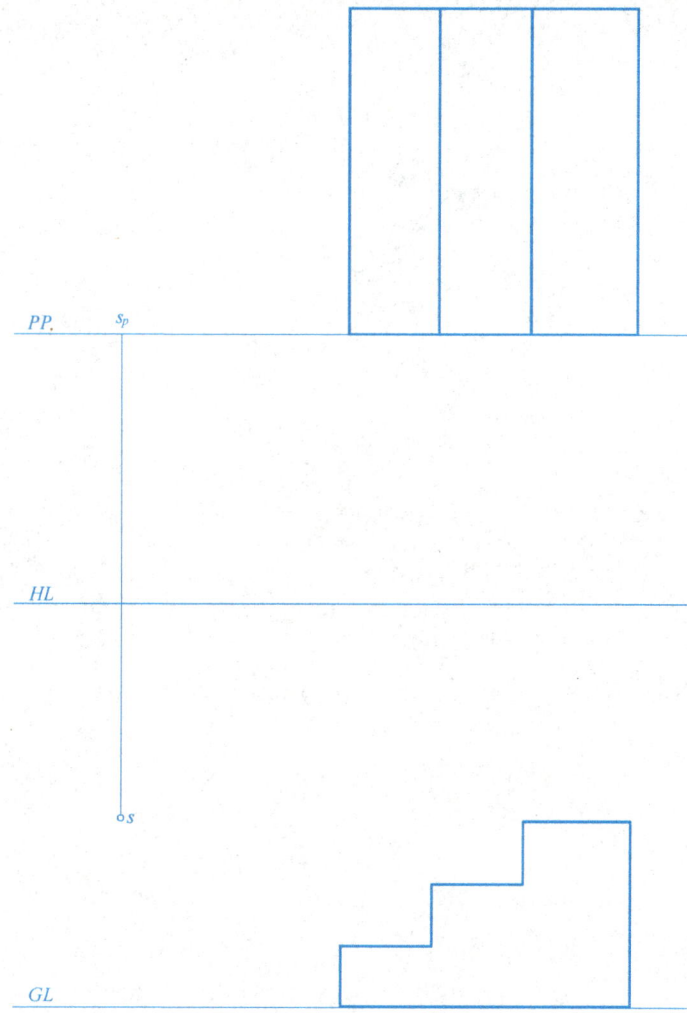

PP.

s_p

HL

GL

8-3 作出"铅垂线"*AB* 的透视 *A°B°* 与基透视 *a°b°*

○ *a(b)*

PP

s$_p$

a'

s

HL

b'

GL

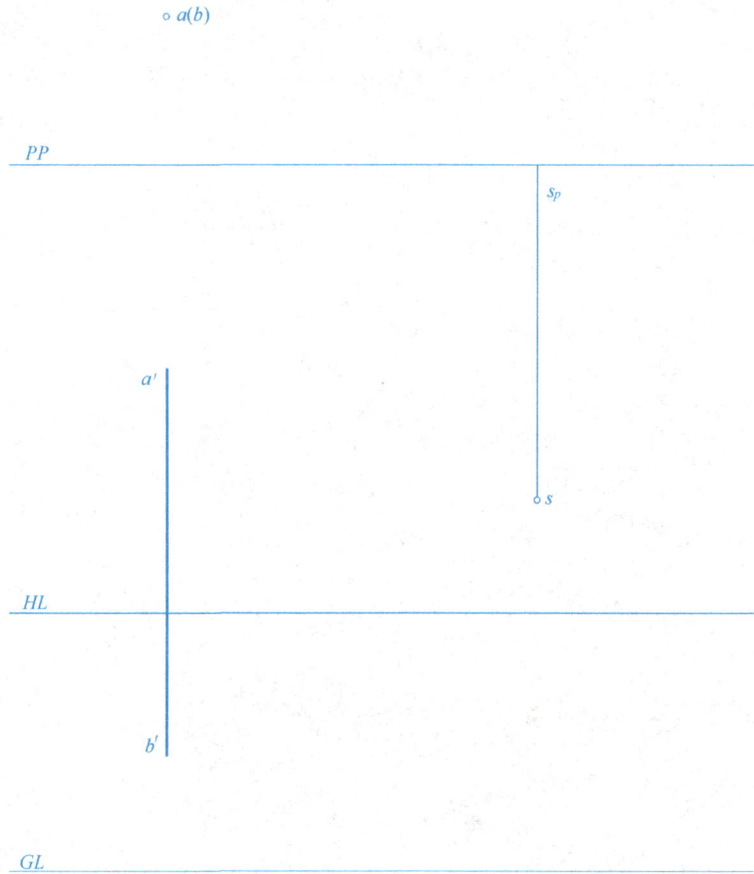

8-4 求作基面上平面图形 *ABCDEN* 的透视

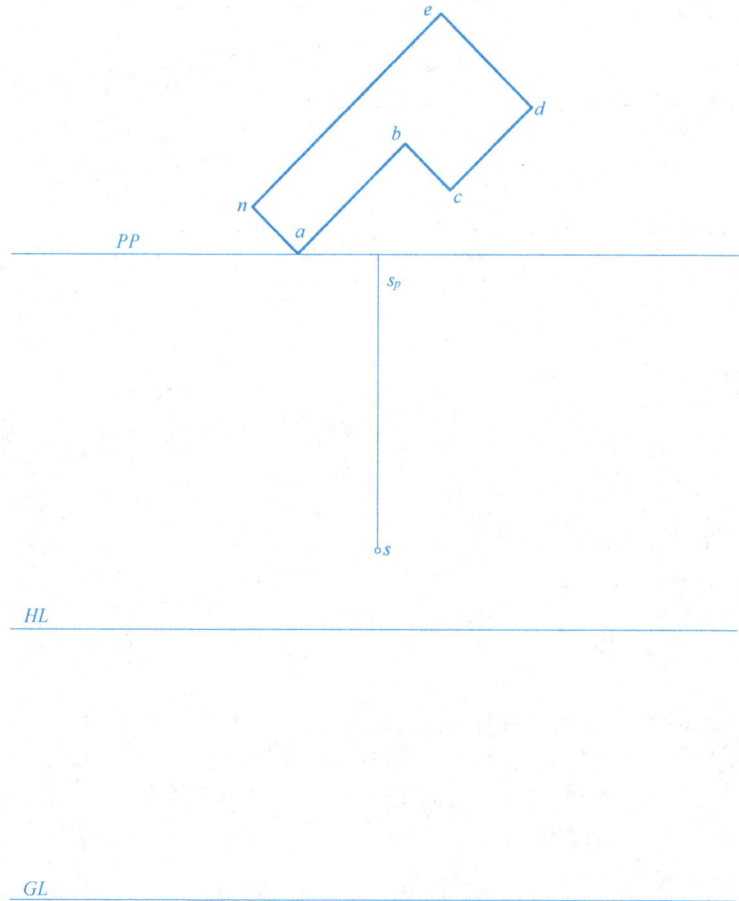

e

d

b

n

c

a

PP

s$_p$

s

HL

GL

8-5　求作基面上"方格网"的透视

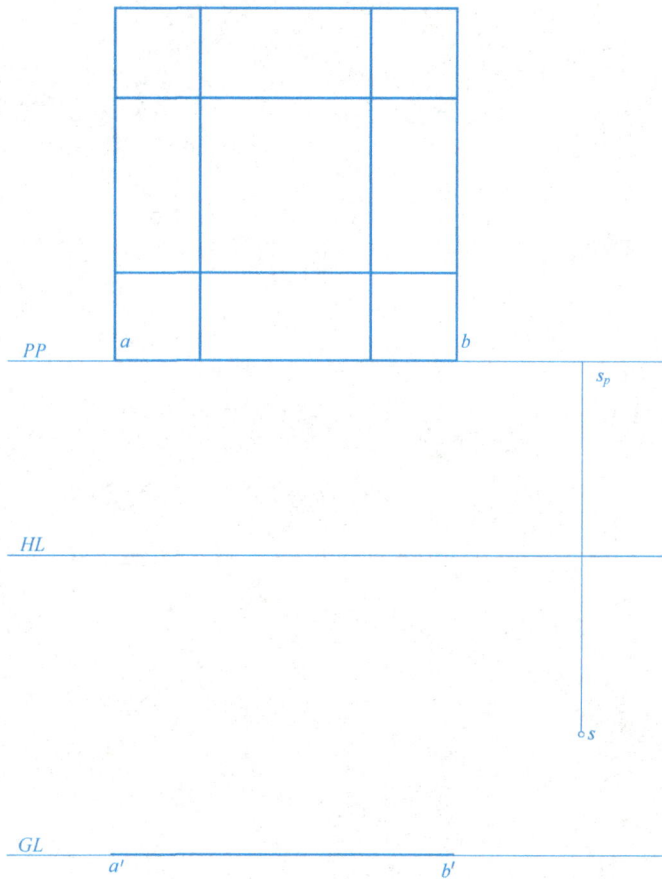

8-6　求作基面上"方格网"的两点透视

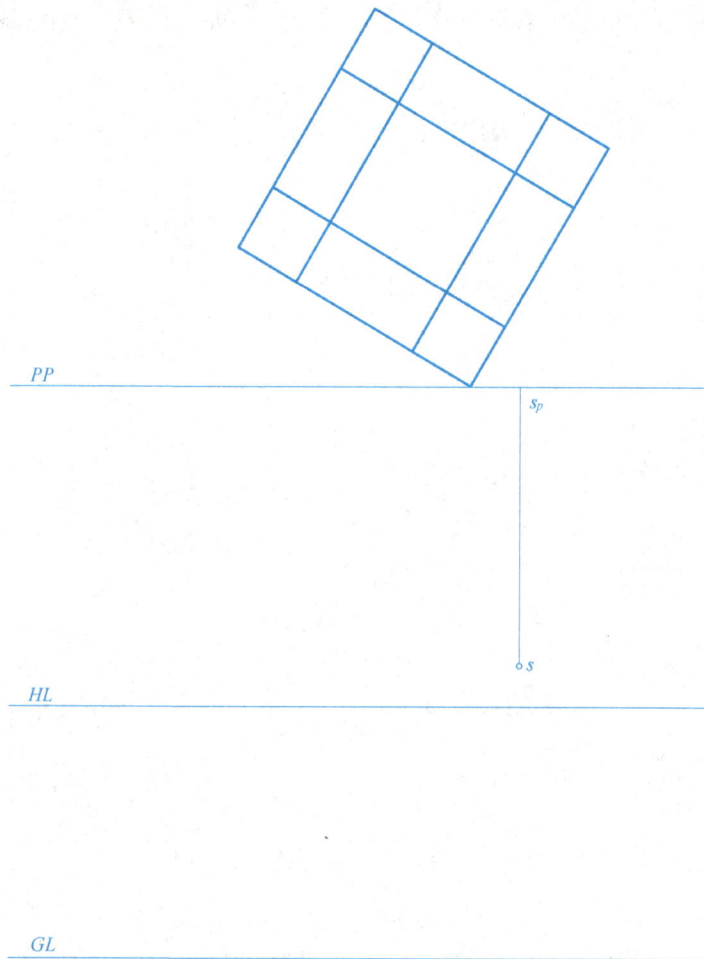

PP　　a　　　　　　　　　b

s_p

HL

GL　a'　　　　　　b'

s

PP　　　　　　　　　s_p

HL　　　　　　　　　s

GL

8-7 求作"桌子"的两点透视图

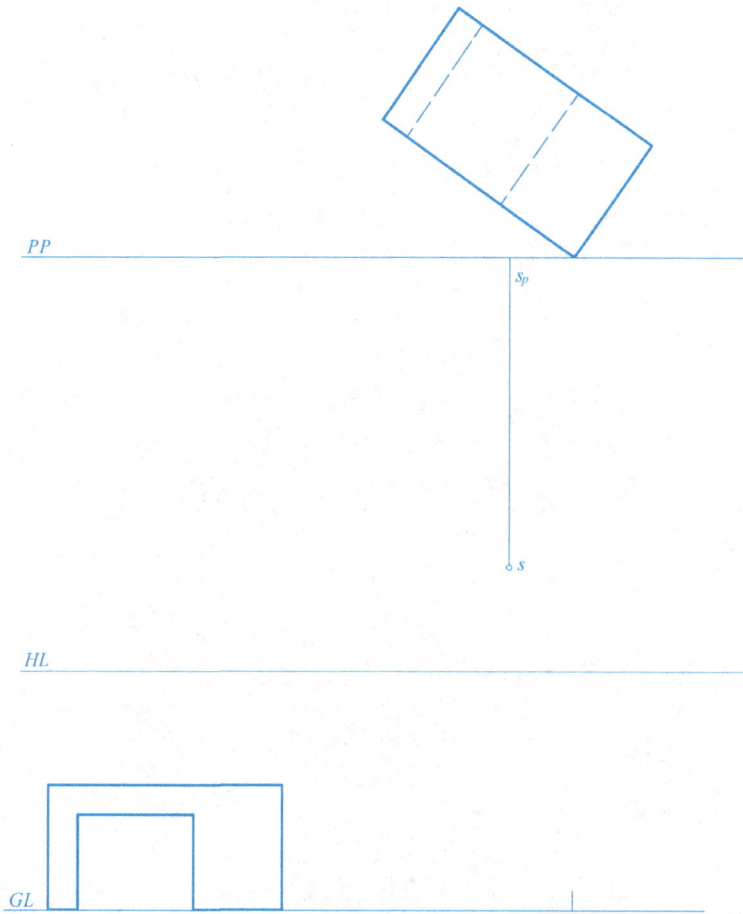

8-8 作出"建筑"形体的两点透视图

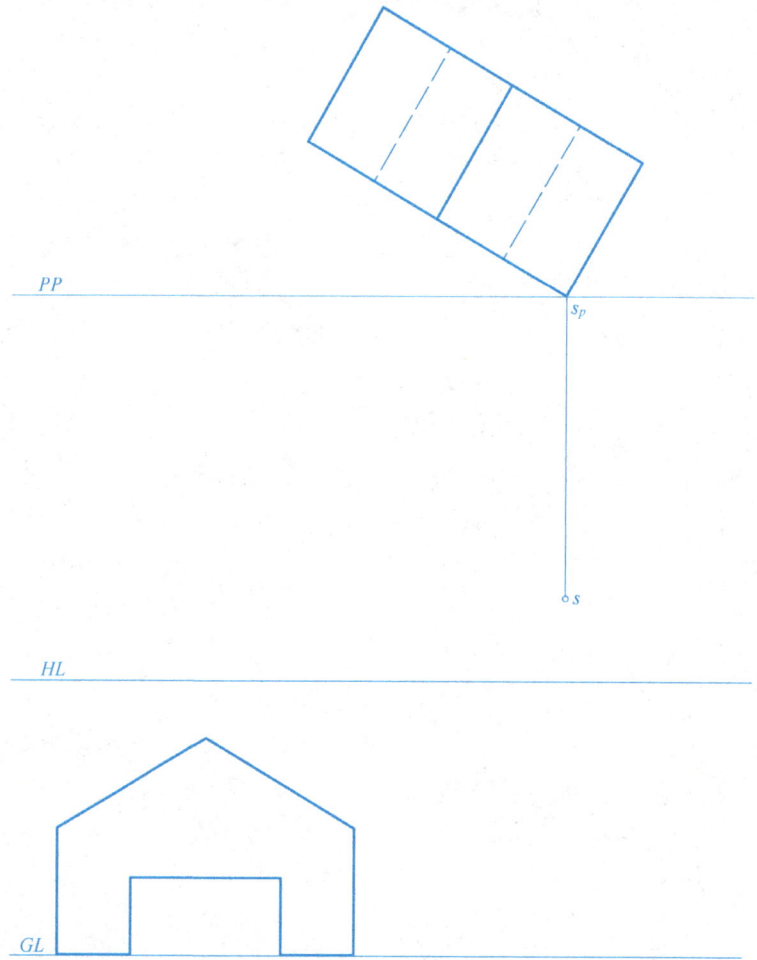

PP

s_p

s

HL

GL

PP

s_p

s

HL

GL

8-9 作圆柱的透视(轴线垂直画面,半径 R)

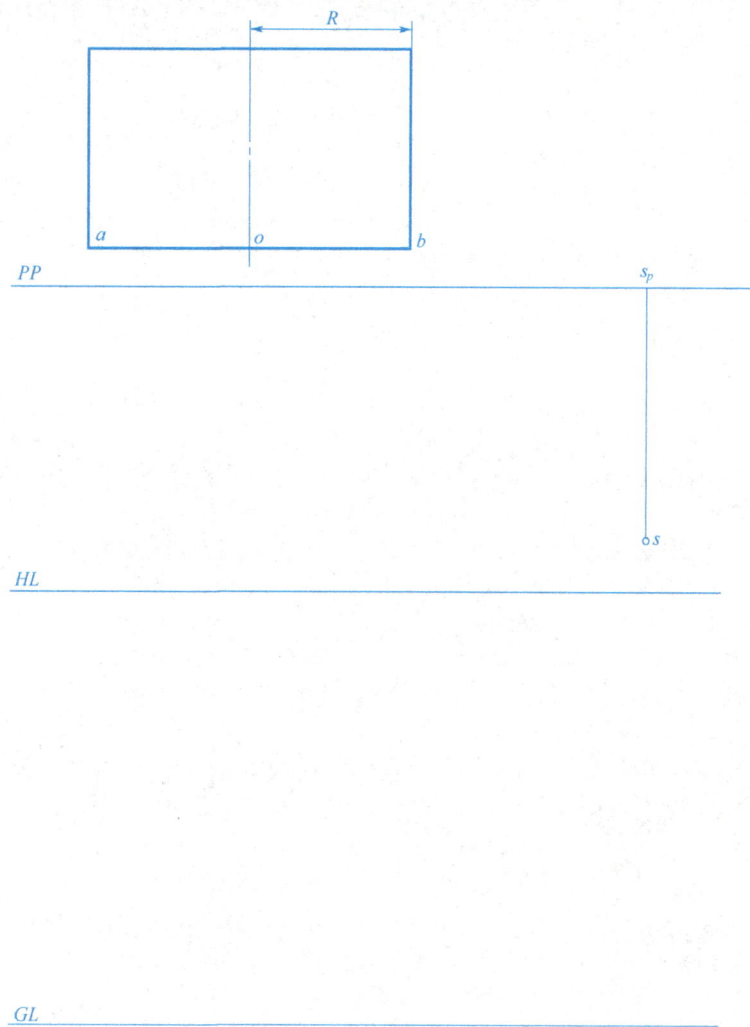

8-10 完成圆锥的一点透视(轴线垂直于基面,高 50,底圆外切于正方形 ABCD)

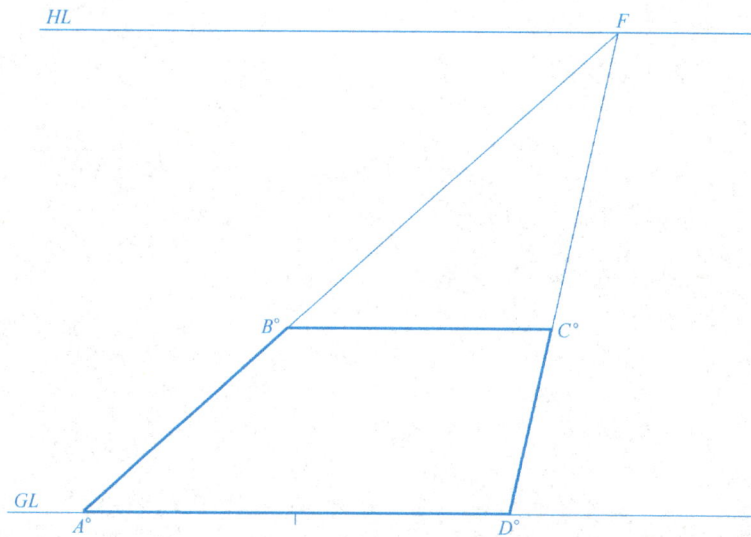

8-11 完成 *ABCD* 竖直和水平方向三等分的透视

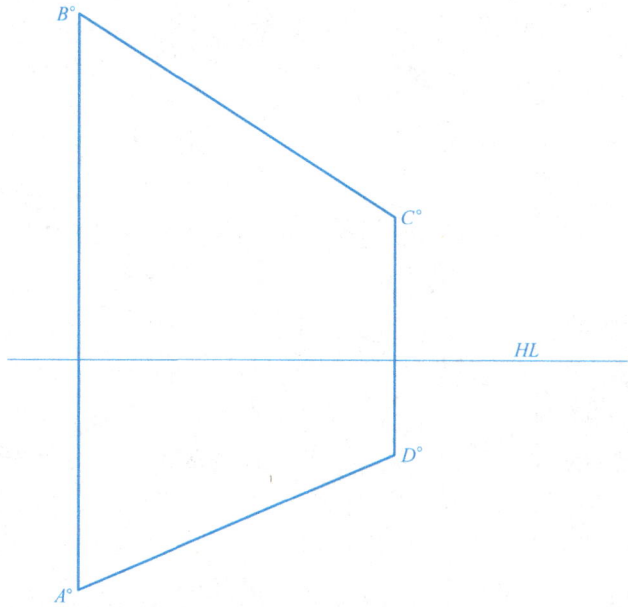

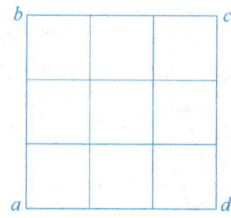

8-12 已知"单元格"局部透视，补画其余部分的透视

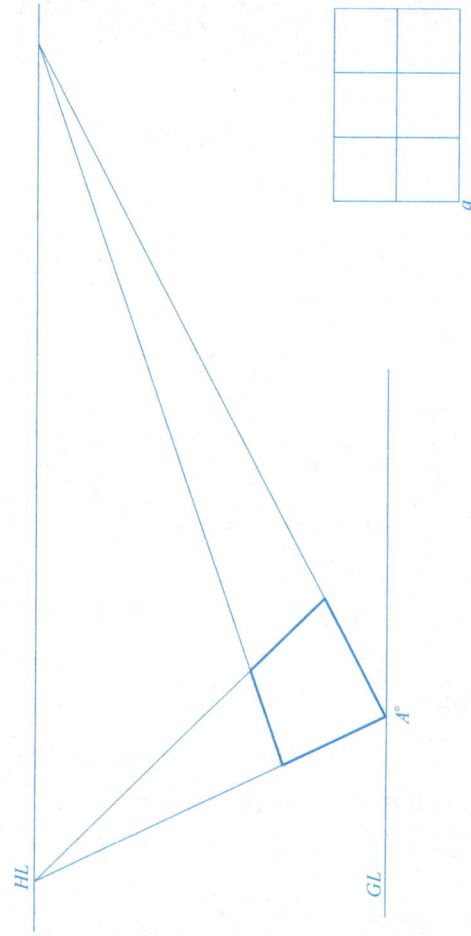

72

8-13 完成"纪念碑"的透视图(左下为立体正面投影)

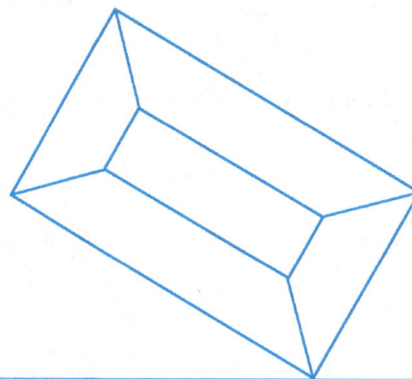

PP

HL

GL

• s

8-14 选择适当站点与视高,完成"建筑"形体的透视图

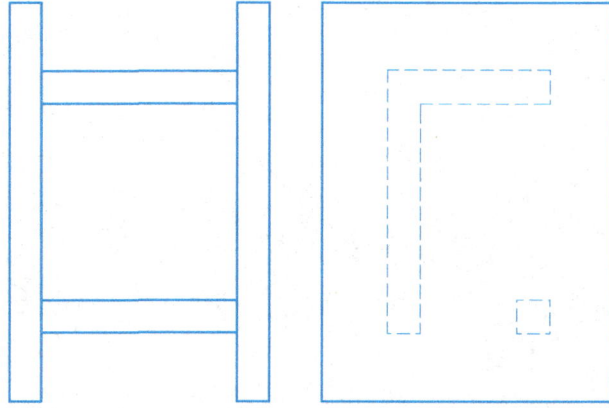

PP

9-1　用计算机绘制下列平面图形(注意对称结构及均布结构时命令的使用)

1.

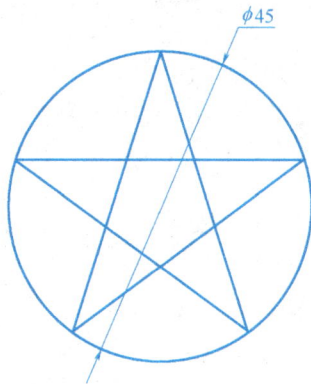

2.

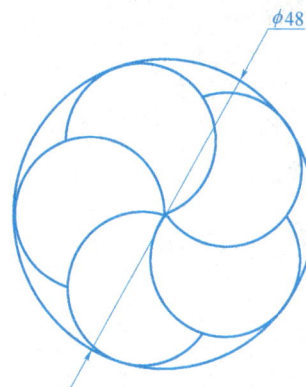

3.

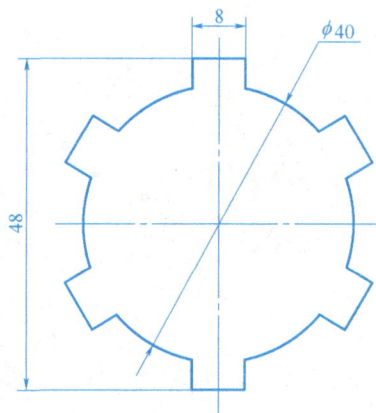

4.

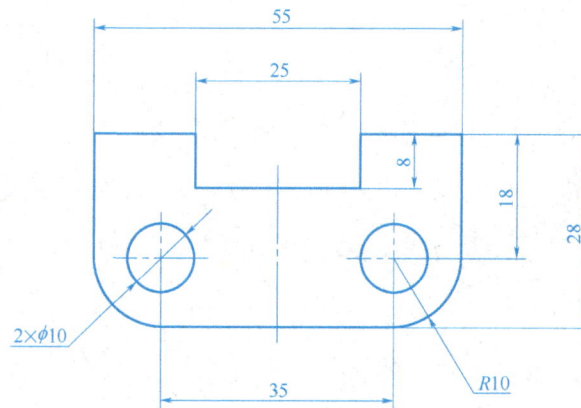

9-2 用计算机绘制下列图形,并标注尺寸

1.

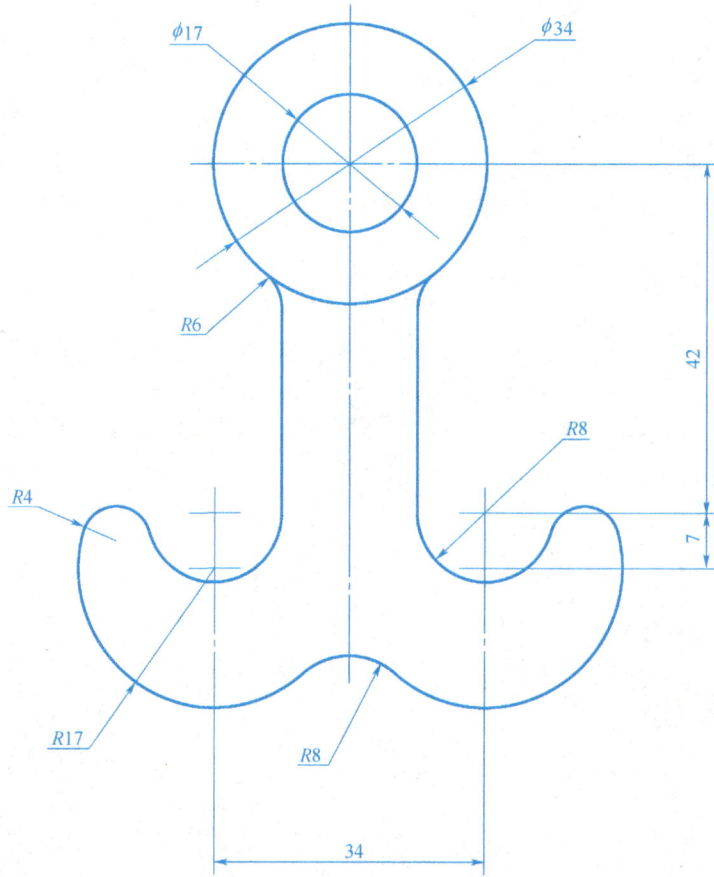

φ17 φ34

R6

42

R8

7

R4

R17 R8

34

2.

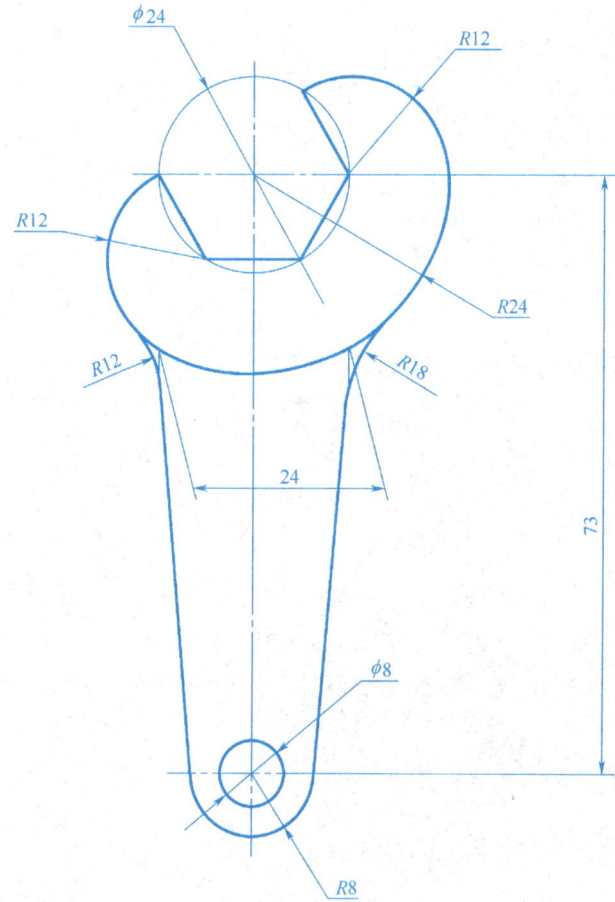

φ24 R12

R12

R24

R12 R18

24

73

φ8

R8

9-3 用计算机画出组合体三视图

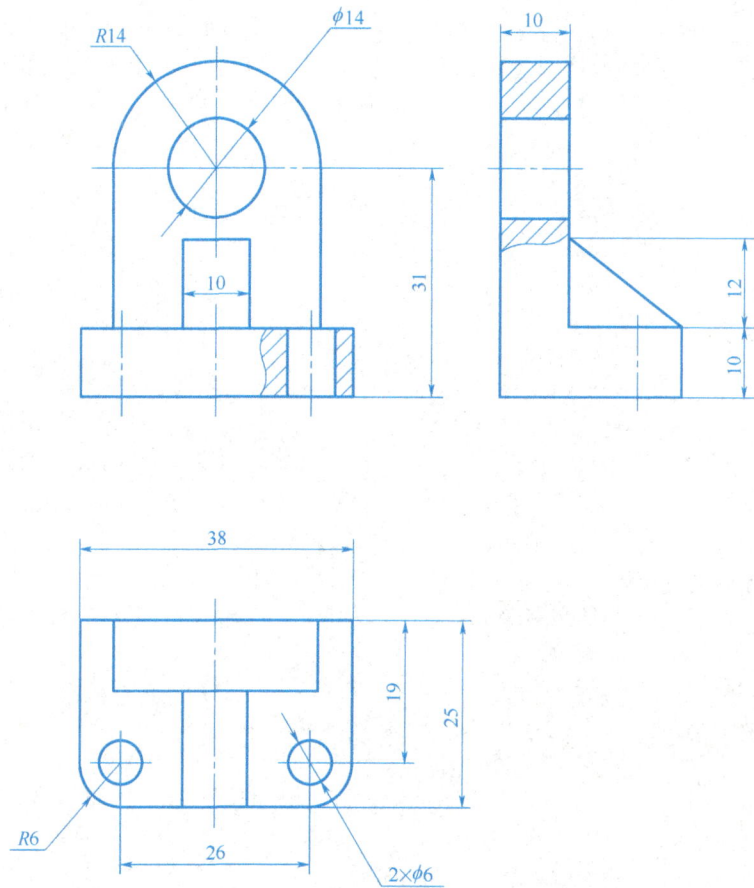

R14　　φ14

10

31

10

12

10

38

19

25

R6

26

2×φ6

9-4 绘制任意产品的投影图(尺寸自定,示例如下)

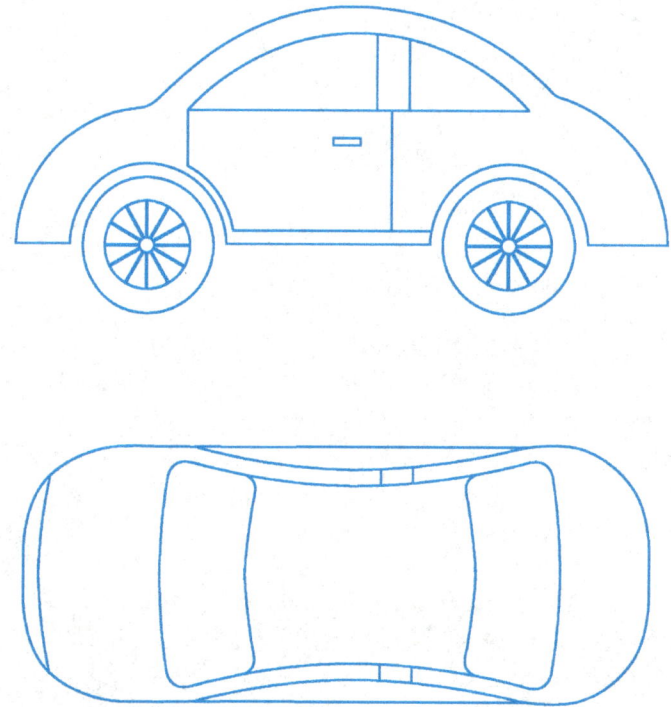

9-5 三维实体造型综合练习

1. 根据"瓷碗"图和尺寸绘制相应三维实体模型。

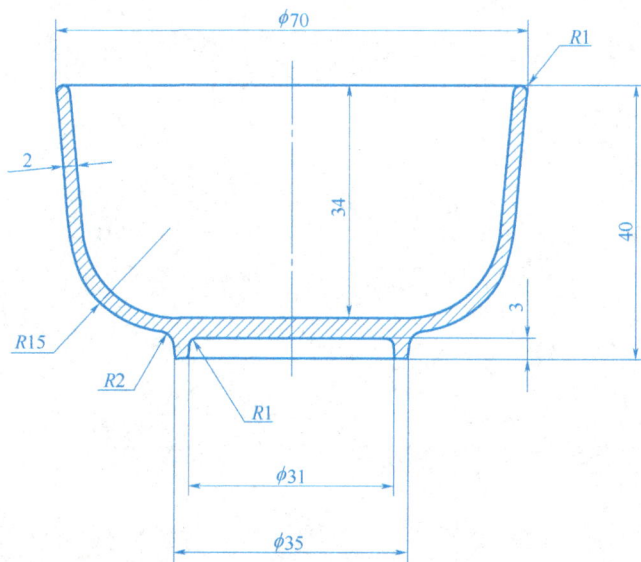

$\phi70$

$R1$

2

34

40

3

$R15$

$R2$

$R1$

$\phi31$

$\phi35$

未注斜度均为5°

2. 根据"圆凳"图和尺寸绘制相应三维实体模型。

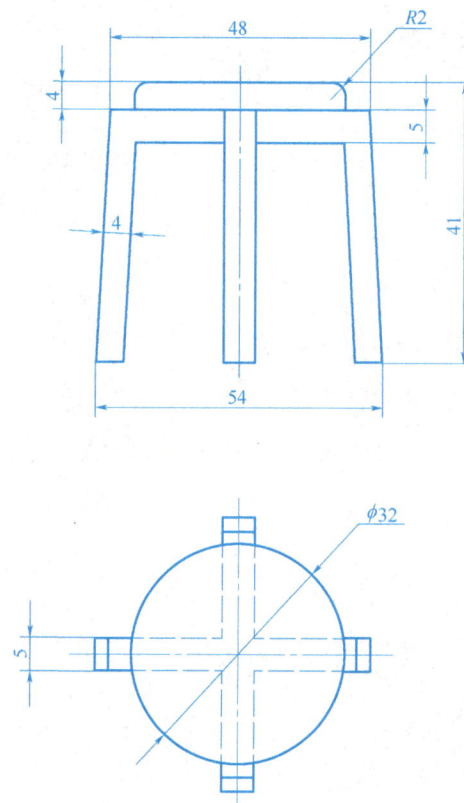

48

$R2$

4

5

4

41

54

$\phi32$

5

（共2页,约100分钟）　　　　　　　　　　　成绩：

一、(14分)已知点 A 的两面投影及 $B(5,15,20)$ 的坐标。

1. 求作直线 AB 的三面投影(6分)。

2. 作出直线 AB 的实长(8分)。

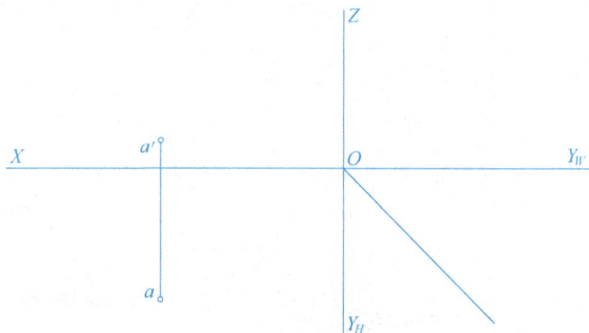

二、(14分)求作三棱锥的侧面投影,并填空。

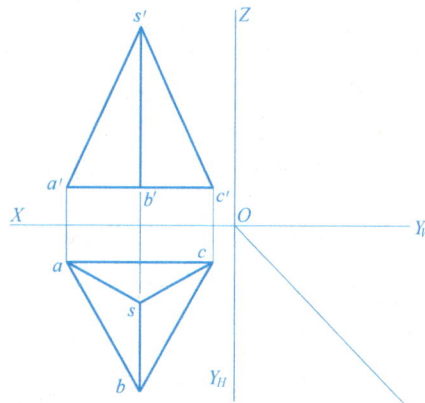

判断线面对投影面的相对位置并填空：

SA 是＿＿＿＿＿＿线

SB 是＿＿＿＿＿＿线

AB 是＿＿＿＿＿＿线

ABC 是＿＿＿＿＿＿面

SAC 是＿＿＿＿＿＿面

SAB 是＿＿＿＿＿＿面

三、(10分)完成圆柱体的俯视图与表面点的其余两投影。

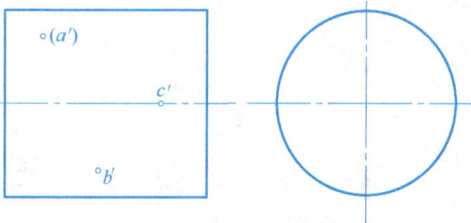

四、(12分)根据两视图,完成立体的左视图。

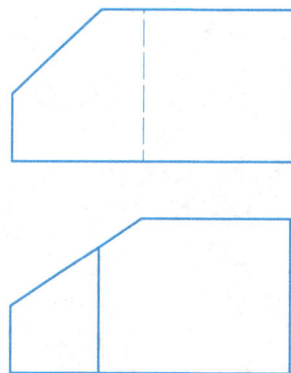

五、(12分)求作截切六棱柱的左视图。

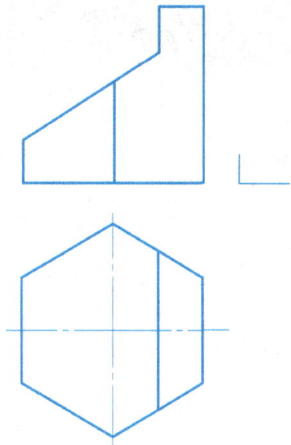

六、(14分)根据两视图想象出形体,补画左视图。

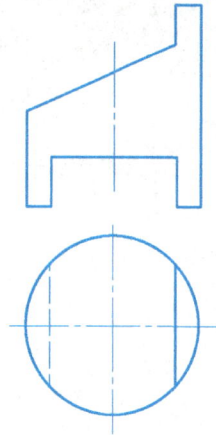

七、(14分)标注平面图形尺寸(数值以图中量取并取整)。

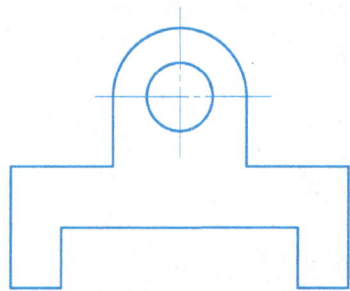

八、(10分)选择题(在正确的左视图下画"√",每题5分)。

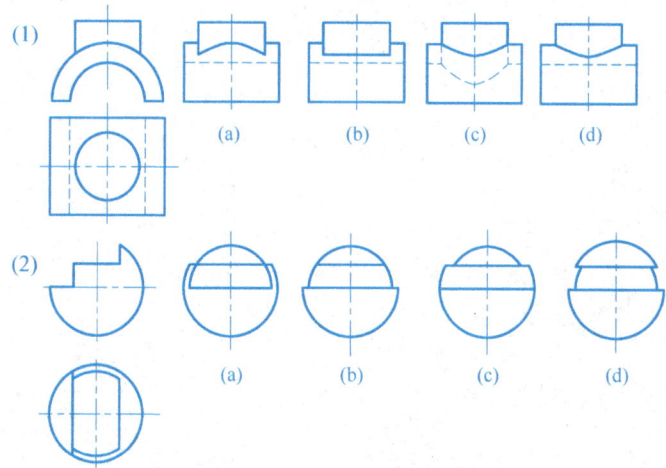

(1)

(a)　　(b)　　(c)　　(d)

(2)

(a)　　(b)　　(c)　　(d)

《设计图学》测验试题(二)　　　　班级＿＿＿＿＿　姓名＿＿＿＿＿＿　学号＿＿＿＿＿＿＿

（共2页,约100分钟）　　　　　　　　　　　　　　　　成绩:

一、(14分)根据两视图想象出形体,补画左视图。

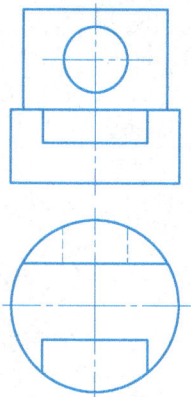

二、(12分)选择题(在正确的左视图下画"√",每题6分)。

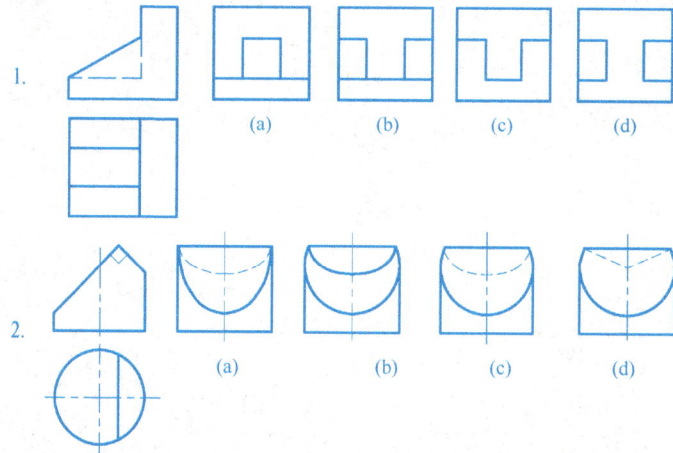

1.

(a)　　　(b)　　　(c)　　　(d)

2.

(a)　　　(b)　　　(c)　　　(d)

三、(12分)标注"相机"尺寸(数值从图中量取并取整)。

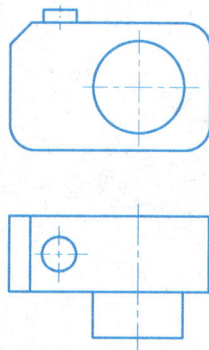

四、(12分)画出左图"相机"的正等轴测图(或草图形式)。

五、(12分)想象出形体,求作全剖的主视图。

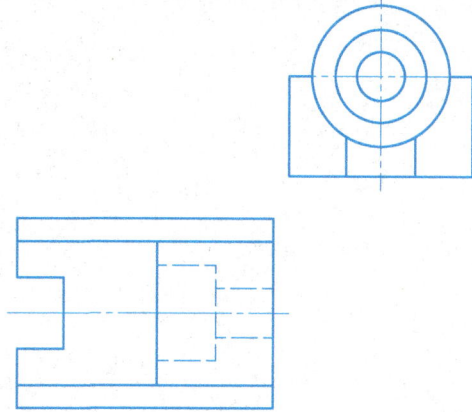

六、(14分)将主视图(A 向)改为半剖视图。

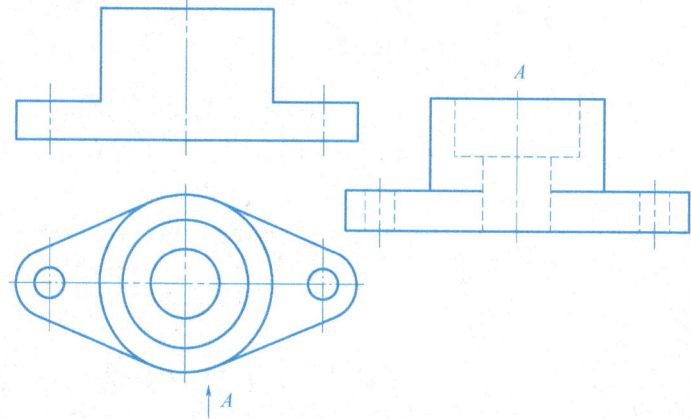

A

↑A

七、(12分)标注尺寸(数值取整,基准合理)。

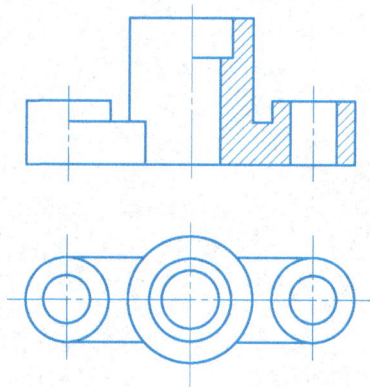

八、(12分)选择题(在正确的局部剖或断面图下面"√",每题6分)。

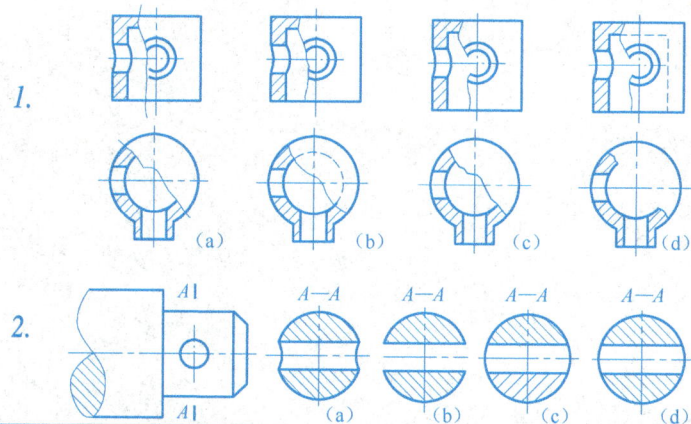

1.

(a)　　　(b)　　　(c)　　　(d)

2.

A↑

A↑

A—A　　　A—A　　　A—A　　　A—A

(a)　　　(b)　　　(c)　　　(d)

（共 2 页，约 100 分钟）　　　　　　　　　　　成绩：

一、(15 分)完成下面螺栓连接(装配)图。

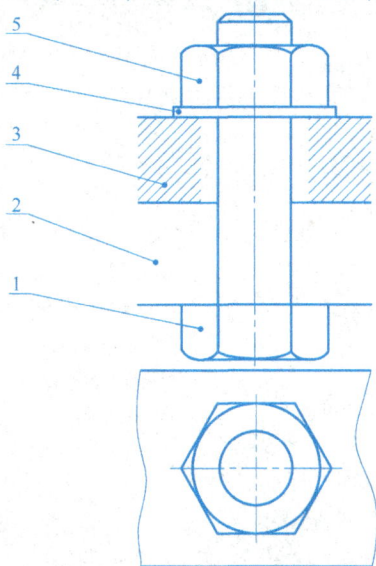

1—螺栓

2—下板

3—上板

4—垫圈

5—螺母

提示:该图有 5 处需要完善。

二、(10 分)填空题(每空 1 分)。

1. 图样中符号 $\sqrt{}$ Ra 1.6 表示_____。Ra 数值越低,表示其_____。

2. 图纸上符号 $M14$,M 表示_____,14 表示_____。

3. 倒角尺寸为 $C2$,其中 C 表示_____,2 表示_____。

4. 轴颈的尺寸为 $\phi20^{+0.021}_{+0.008}$ 表示其基本尺寸为_____,最大极限尺寸为_____,最小极限尺寸为_____,尺寸公差值为_____。

三、(21 分)已知漏斗两面投影图,画出其展开图。

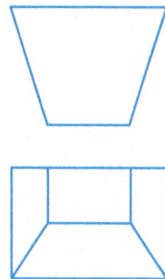

四、(54分)已知"半圆拱门"的两面投影如下,按预设位置,分别绘制其斜二测图、正等测图、一点透视图。

1. 斜二测图(12分)

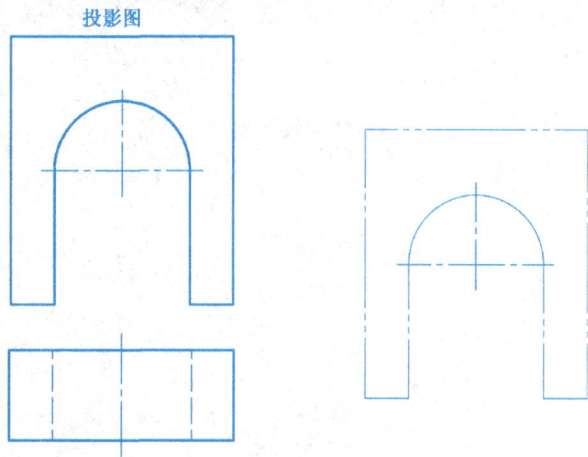

投影图

2. 正等测图(16分)

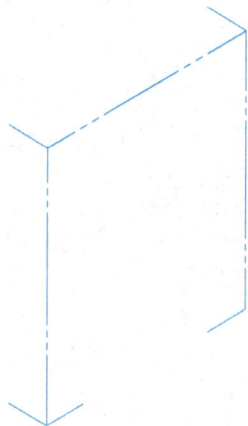

3. 一点透视图(26分)

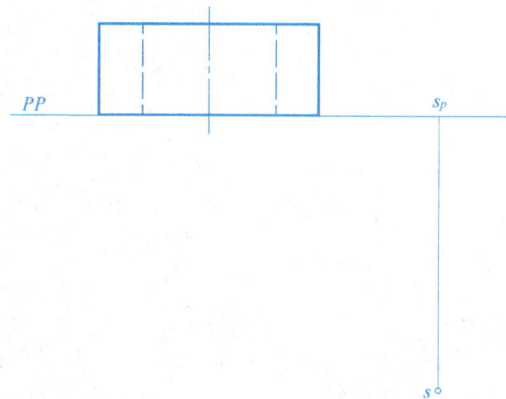

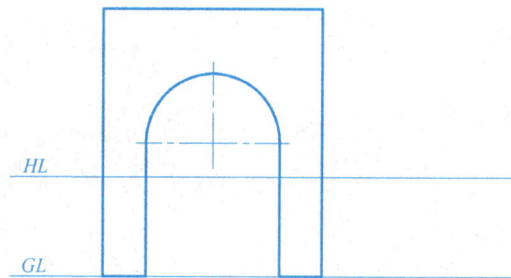

PP
Sp
s

HL

GL

（共2页,选作三题,约100分钟）　　　　　　　　　　　成绩：

一、(20分)平面图案设计(任选1题,未注尺寸自定)

1.

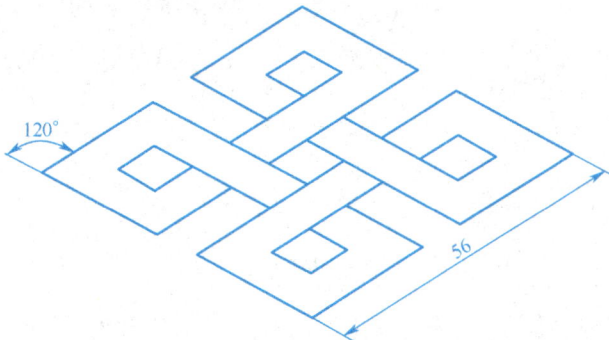

120°
56

2.

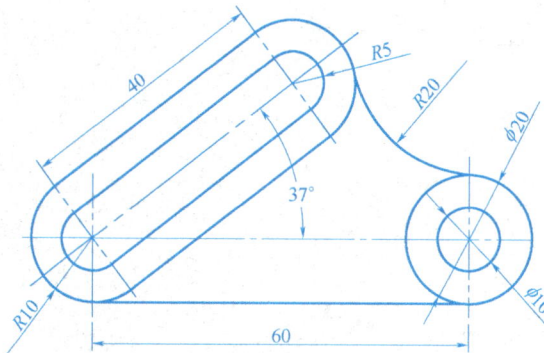

50
80

二、(30分)按尺寸1:1绘制如下图形,并标注尺寸(任选1题)。

1.

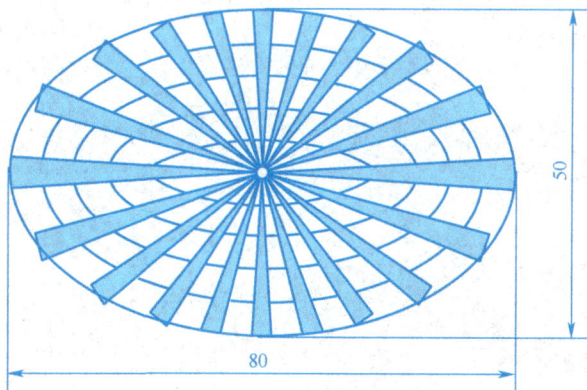

40　R5　R20　ϕ20
37°
R10　60　ϕ10

2.

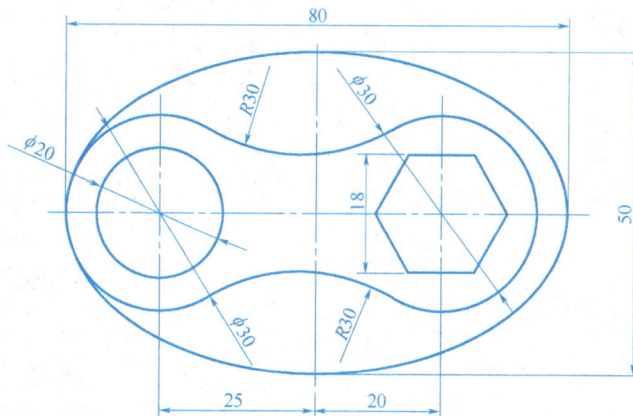

80
R30　ϕ30
ϕ20
18
ϕ30　R30
50
25　20

三、(50分)根据轴测图及其尺寸,按1:1画出立体的三视图(任选1题)。

提示:①建议先快速手绘草图(三视图),再根据草图与立体图进行计算机绘图。

②全部图形画完后,请在右下位置自制简易标题栏(填写:班级,姓名等)。

1.

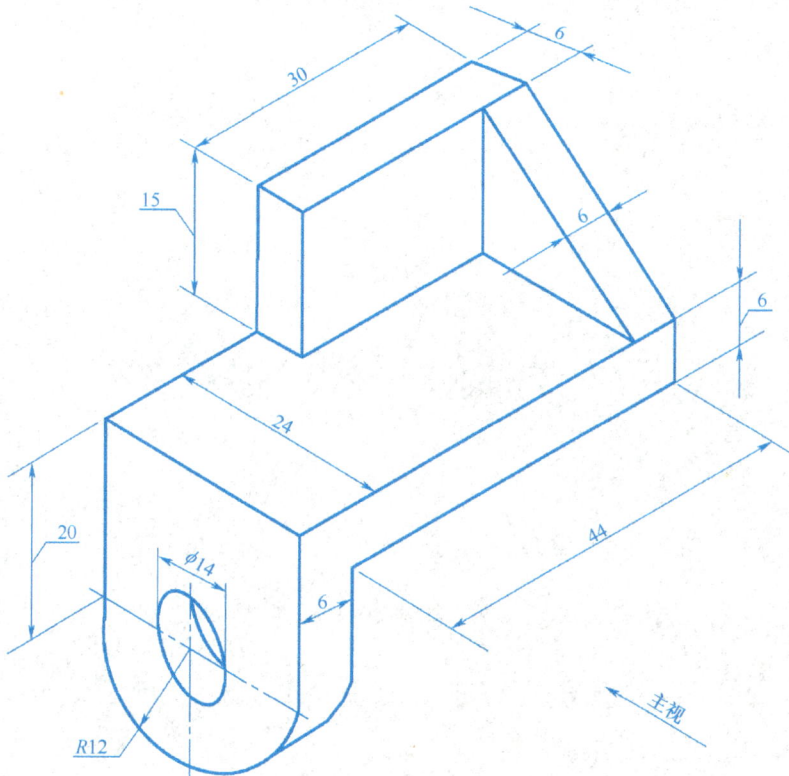

2.

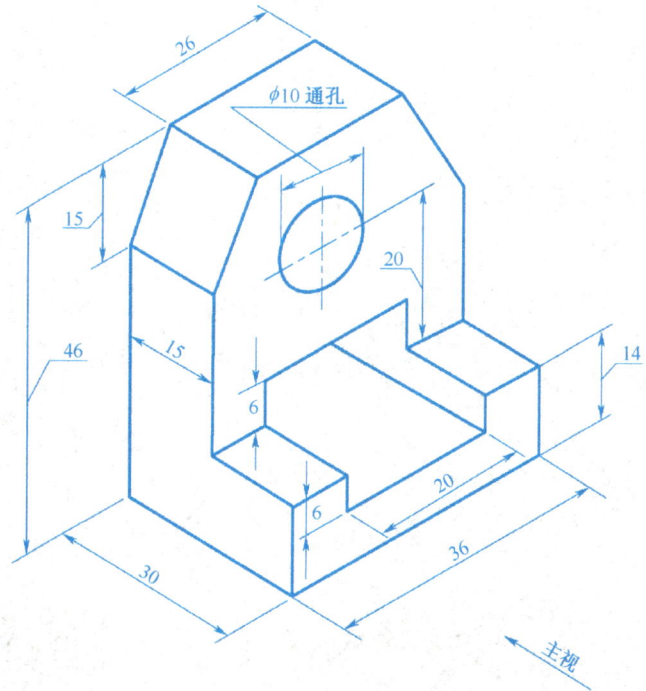

CAD 测验简易标题栏:

班级	姓名	学号

参 考 文 献

[1] 林益平,等. 工程制图习题集[M].北京:国防工业出版社,2012.

[2] 赵近谊,等. 工程制图习题集[M].北京:化学工业出版社, 2012.

[3] 赵大兴.工程制图习题集[M]. 2 版.北京:高等教育出版社,2009.

[4] 康克强.工程制图习题集[M].长沙:湖南大学出版社,2008.

[5] 刘小年,等.机械制图习题集[M]. 2 版.北京:高等教育出版社,2000.

[6] 王巍.机械制图习题集[M]. 北京:高等教育出版社,2008.

[7] 窦忠强.工业产品设计与表达习题集[M].北京:高等教育出版社,2009.

[8] 王成刚,等.工程图学简明教程习题集[M].武汉:武汉理工大学出版社,2002.

[9] 周小灵. 艺术设计制图[M]. 长沙:中南大学出版社,2010.

[10] 王明海,等. 艺术设计制图习题集[M]. 北京:高等教育出版社,2009.

[11] 吴机际. 园林工程制图习题集[M]. 北京:高等教育出版社,2011.

[12] 黄水生,等. 建筑透视与阴影习题集[M]. 广州:华南理工大学出版社,2001.